여학생
공부법

이대생들이 알려주는

여학생 공부법

유진·서윤·은지 지음

북클로스

"자신만의 공부 시스템을 만드는 법"

『이대생들이 알려주는 여학생 공부법』을 읽다 보면 자기주도학습을 연구하는 연구자 입장에서 중학생 혹은 고등학생 때부터 이미 훌륭한 자기주도학습자가 되었던 세 명 저자들의 스토리에 깜짝 놀라게 된다. 저자들의 공통점은 본인만의 공부 시스템을 구축하였다는 것이고, 성공적인 시스템의 구축은 자기 자신에 대해 정확히 아는 것에서부터 출발한다. 나는 무엇을 할 때 즐겁지? 어떤 것을 갖고 싶지? 자신을 정확히 아는 것으로부터 자신만의 목표를 설정할 수 있고, 동기부여를 위한 보상 또한 설정할 수 있다. 효과적인 학습을 위한 계획과 전략을 세우고 실행하며 효과적이지 않을 경우 새로운 전략과 계획을 시도해 본다. 필요할 때 적절한 도움을 구하는 것 또한 자기주도학습의 중요한 역량이다.

'아는 만큼 보인다'라는 말이 있다. 이 책을 읽는 수험생 여러분 들은 저자들 덕분에 몰라서 시도조차 못해봤을 수 있는 다양한 공부

전략들을 배울 수 있고, 이를 바탕으로 자신만의 공부 시스템을 더 효과적이고 효율적으로 구축할 수 있는 행운을 얻게 되었다. 『이대 생들이 알려주는 여학생 공부법』이 배출해 낼 자기주도학습자들을 만나게 될 날을 고대하며 모든 수험생 여러분의 건승을 기원한다.

_허열(미국 Kennesaw State University 교육공학과 교수)

"나를 움직이게 할 목표를 찾기를 바랍니다."

안녕하세요! 저는 지금 일본에서 한국으로 돌아오는 비행기에 타고 있습니다. 일본에서 크게 열리는 에듀테크 관련 박람회를 보고 왔습니다. 일본과 다양한 나라의 교육에 대한 열정을 엿보고, 트렌드를 확인해 볼 수 있는 너무 좋은 기회였습니다. 고등학생 유진이는 지금 제가 이곳에 있으리라 상상조차 못 했을 텐데, 감회가 새롭습니다.

대학 입학 이후, 꿈꾸던 대학 생활 그 이상을 즐기고 있습니다. 듣고 싶었던 수업을 듣기도 하고, 각종 대회에서 수상하며 받은 상금으로 해외여행을 가기도 하고, 저의 관심 분야에서 대외활동에도 참여하며 다양한 경험을 쌓고 있습니다. 학업뿐 아니라 자칭 타칭 핫걸로 놀기에도 소홀하지 않고, 알찬 대학 생활을 즐기고 있습니다. 열심히 공부했던 그 시절을 과분하게 보상받는 것 같습니다.

고등학교 때 제가 사용했던 노트와 책들을 보면 그 시절의 열정이 느껴집니다. 너무 지치고 힘들 때 다시 펼쳐보면 열심히 살고자 하는 원동력이 되곤 합니다. 이러한 저의 열정들이 너무 소중해서 아직까지도 버리지 못하고 소중하게 보관하고 있습니다. 언젠가는 이것들을 쓸 날이 오지 않을까?' 하는 막연한 생각도 있었습니다. 그리고 감사하게도 생각보다 일찍 그 기회가 찾아왔습니다.

'내 책이 곧 나온다.' 정말 믿기지 않는 문장입니다. 정말 상상조차 하지 못했던 꿈같은 일들이 많이 생기는 것 같습니다. 책을 제안받고, 아이디어를 구상하고, 작성하고, 또 수정하는 과정들이 하나하나 그려집니다. 때론 힘들었지만 제 고등학생 시절의 열정을 되돌아보며 다시 한번 삶의 목적을 다짐하게 되는 시간이었습니다. 어찌 보면 제 인생에서 너무 좋은 기회를 얻은 것 같아 너무 감사한 마음이 듭니다.

여러분, 공부하느라 많이 힘드시죠? 힘든 시간이 끝나고, 목표를 이룬 여러분의 모습은 어떨 것 같나요? 저는 공부가 힘들 때마다 미래의 저를 상상했습니다. 그리고 그 미래를 목표 삼아 공부할 힘을 얻었습니다. 아주 사소한, 남들에게 말하지 못할 그런 목표도 괜찮습니다. 그런 목표도 충분히 나를 움직이게 할 힘이 있습니다. 목표를 설정하고, 그것을 이루고자 하는 힘을 이 책에서 찾길 바랍니다.

**여 학 생
공 부 법**

3장 대학 4학년 취업준비생에서 다시 새내기가 된 은지

여 학 생
공 부 법 **4장 부록**

사소한 목표도 사람을 움직일 수 있는 힘이 있어요.

무엇이든 괜찮아요. _유진

가짜 목표가 아닌 진심으로 꿈꾸는 '나만의' 목표를 가지고

'자기주도적'으로 공부하세요. _서윤

인생도 언제든 뒤집힐 수 있기에

꿈을 가지고 끝까지 포기하지 않는 것이 중요합니다. _은지

유진, 서윤, 은지가

여러분의 꿈을 진심으로 응원합니다!

1

꼴찌를 맴돌던
중학생에서
이대에 합격한
유진이

° 중학생 유진이

저는 공부를 하지 않는 학생이었습니다. "이화여대생이 공부를 안 해봤자 얼마나 안 했겠어?"라고 얘기할 수도 있지만 전교 끝에서 두 번째를 하기도 했어. 이때 엄마가 저를 '홍길동'이라고 불렀는데, 그 이름에 걸맞게 어제는 홍대, 오늘은 건대, 내일은 잠실…… 재미있는 게 뭐가 그렇게 많은지 이곳저곳을 열심히 놀러 다녔습니다. 딱히 하고 싶었던 것도 없고, 공부하라 잔소리하는 사람도 없어 누구보다 자유롭고 행복한 중학교 학창 시절을 보냈습니다.

형식상 다닌 학원에서는 친구들과 신나게 놀며 시간을 보내거나, 다양한 이유를 찾아 그만두기도 했습니다. 대부분의 친구들이 공부하는 시험 기간에도 친구들과 전화하며 놀았습니다. 시험공부는 시험 하루 전에나 겨우 시작했는데, 아무래도 시간이 부족하다 보니 제대로 된 공부를 하지는 않았어요.

과학을 예로 들자면, 교과서도 아닌 문제집을 딱 펴고, 유전이면 유전, 화학이면 화학 등 나온 부분 문제를 쭉 풀고, 채점하고 그게 끝이었습니다. 정말 하고 싶은 공부만 하고, 학원에서 시키는 것만 겨우 하는 그런 학생이었습니다.

이러한 나의 중학교 생활 중에서 가장 기억에 남는 게 뭐냐고 물으면 저는 100이면 100, 중2 겨울방학 때 미국에 간 것이라고 대답할 거예요. 가족 없이 학교에서 선생님, 친구들과 간 첫 여행이었어요. 약 20일 동안 여행을 했는데, 모든 순간이 빠짐없이 행복했고, 한순간도 우울하거나 슬프지 않았어요.

즐거운 하루하루를 보내다, 어영부영 중학교를 졸업합니다. 고등학생이 된다는 이유로 학원을 억지로 다니긴 했지만 공부를 열심히 하지도 않았어요. 그러다 공부를 열심히 하게 만들어준 계기를 만나게 됩니다.

° 프랑스 파리 여행

고등학교 입학 한 달 전, 프랑스 파리로 가족 여행을 갔습니다. 이때 모두가 말렸어요. 고등학생이 되기 직전인 중요한 시기에 어디를 가냐며, 공부하기에도 부족한 시간인데, 당장 취소하라는 등……. 하지만 공부를 중요하게 생각하지 않았기에 굴하지 않고 갔습니다. 여행 가서 예쁜 것도 많이 보고, 맛있는 것도 많이 먹고, 좋은 추억을 많이 쌓았습니다. 그러다 문득 파리 지하철에서 '아, 여기에 자주 오고 싶다'라는 생각을 하게 됐습니다. 그리고 현실적으로 생각을 해봤죠. '여행 한 번 가려면 많은 돈이 들 텐데, 그 돈을 내가 어떻게 감당할 수 있을까?' 이때, 꿈도 없고 목표도 없었던 저에게 처음으로 꿈이 생겼습니다. 바로 '해외여행을 자주 다니는 것'이었습니다. 그래서 외국을 많이 다닐 수 있는 승무원, 외교관 등을 염두에 두고 이때부터 공부를 열심히 하겠다고 다짐하고, 비행기에서까지 공부하는 등 공부에 대한 굳은 의지를 다졌습니다.

°하고싶은말

'사소한 것도 목표로 삼을 수 있다'라는 말을 꼭 해주고 싶어요. '여행 자주 다니기'라는 사소한 목표가 저를 움직인 것처럼요! 사소한 목표도 사람을 움직일 수 있는 힘이 있어요. 무엇이든 괜찮아요! 고등학교 1학년 때 제 목표가 '여행 자주 다니기'였다면, 지금 제 목표는 '3년 안에 1억 벌기'예요. 미래의 제가 어떤 사람이 되어 있을지는 모르겠지만, 그때도 하고 싶은 것을 다 해보면서, 목표를 정하고 이루기 위해서 열심히 노력하는 사람이 될 것을 확신해요!

°고등학교 기숙사 탈락

첫 꿈이 생기고 공부를 열심히 하겠다고 결심한 후 가진 첫 번째 목표는 제가 입학할 고등학교에 있는 '관리형 기숙사'에 들어가는 것이었어요. 처음으로 자기소개서도 써보고, 면접 준비도 해보았습니다. 살면서 무언가를 진심으로, 또 열심히 준비한 것은 처음이었습니다. 그러나 결과는 '탈락'이었어요. 처음으로 무언가를 위해 열심히 노력했는데, 그 결과가 부정적이어서 너무 충격이었습니다. 알고 보니, 기숙사는 자기소개서, 면접보다는 중학교 성적이 더 중요한 것이었습니다. 이때 처음으로 중학교 시절 공부하지 않은 것을 후회했어요. 그리고 '앞으로 후회하는 상황을 만들지 말자'라고 다짐했습니다.

기숙사 탈락은 저에게 자극제가 되어 '2학기 기숙사 합격'이라는 새로운 목표를 가지고, 고등학교 때 높은 성적을 받을 수 있도록 엄청 열심히 공부했습니다. 학원 수업 시작이 9시였는데 8시까지 학원에 가서 아침 자습을 하기도 했죠!

°고등학교 입학

설렘 반, 두려움 반으로 고등학교에 입학했습니다. 아무것도 신경 쓰지 않고 공부를 열심히 하고 싶었어요. 중학교 때 친했던 친구들이 같은 고등학교에 많이 와서 신경 쓸 게 많지 않을 것이라 생각했습니다. 하지만 고등학교는 제 예상과 너무 달랐습니다. 수업 시간에 떠드는 친구들은 기본이고, 입학한 지 일주일도 안 돼서 반 친구들이 싸우기도 하고, 학생이지만 담배를 피우는 친구를 제 눈으로 보기도 하고, 저에 대한 좋지 않은 소문이 나기도 하는 등 정말 신경 쓰고 싶지 않았지만 신경 써야 할 게 너무 많았습니다. 특히 가장 힘들었던 것은, 공부 잘하는 친구들이 공부 얘기를 할 때 저를 잘 끼워주지 않는 것이었습니다. 중학교 3년 동안 놀기만 해서 제가 공부에 관심이 없다고 생각을 할 수 있겠지만, 그래도 공부를 막 시작하는 입장에서 서운했어요.

공부를 안 하다가 시작하는 저는 무시를 정말 많이 받았어요. 친구들, 가족들, 선생님들 등등으로부터요! 하지만 저는 절대 좌절하지 않고 오히려 "내가 진짜 보여줘야겠다"라는 마음가짐으로 열심히 공부했어요. 무시가 제 공부 원동력이 된 것 같아요.

하지만 아무리 무시를 원동력으로 삼았다 한들, 상처가 안 되는 것은 아니잖아요. 저는 그래서 '누구라도 절대로 무시하지 말자!'라고 다짐했어요. 제가 받은 상처를 제가 남에게 주고 싶지는 않았거든요. 그 사람이 어떤 인생을 살아왔는지, 또 어떤 생각을 하는지 모르는 거잖아요. 그래서 저는 모든 친구를 최선을 다해 도와줬어요!

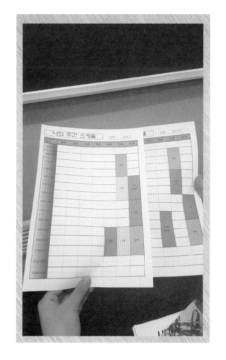

그래도 '성공하겠다'는 마음을 가지고 열심히 공부했습니다. 일요일부터 목요일은 학교에서 자습을 하고 학교 자습이 없었던 금요일, 토요일에는 느슨해지지 않기 위해 학원에 다녔습니다. 저에게 하루라도 '쉴 수 있는 날'을 허용하지 않았습니다.

"쉬는 건 언제든지 짬 내서 쉴 수 있어요! '공부 쉬는 날' 만들기 금지!"

그리고 첫 중간고사! 그러나 결과는 좋지 않았습니다. 국어 3등급, 사탐 3등급 등 높지 않은 성적을 받았습니다. 정말 열심히 공부했지만, 저는 중학교 3년 동안 놀았기 때문에 '어떻게 공부하는지'를 몰랐습니다. 공부를 하느라 앉아 있는 시간은 많았지만 제대로 된 공부를 하지 못한 거죠.

이 시기 제 공부의 문제점은 크게 2가지라고 생각합니다. 첫째는 '필기만' 한 것, 둘째는 학원 의존도가 매우 높았던 것입니다.

우선, 저는 필기하는 것을 좋아하고 또 잘하는 학생이었습니다. 제가 필기한 교과서를 빌려 달라고 다른 반에서 찾아올 정도였죠. 여기서 문제는 정말 '필기만' 한 것입니다. 필기가 공부의 전부라고 생각했었던 것이죠. 하지만, 필기를 아무리 열심히, 예쁘게 해도, 복습을 꾸준히 하지 않으면 학습 효과가 없습니다!

뒤에서 더 구체적으로 언급하겠지만, 복습을 위해 '정리 노트'를 제작했어요. 제가 필기한 내용을 복사하거나 컴퓨터에 올려서 빈칸을 뚫었어요. 그리고 그것을 계속 들고 다니면서 빈칸을 채우고 외웠어요.

국영수사과, 전 과목 학원에 다녔습니다. 학원에서 시키는 것만 열심히 하면 무조건 좋은 성적을 얻을 수 있을 것이라고 생각했습니다. 이것이 아니라는 것은 정말 우연한 계기로 학원을 옮기면서 깨달을 수 있었습니다. 아마 학원을 옮기지 않고 계속 다녔다면 지금의 저도 없었을 거예요. 지금 와서 드는 생각이지만, 정말 운이 좋았던 것 같습니다.

왜 학원을 그만두었는지에 대한 이야기도 하면 좋을 것 같습니다. 저는 선생님들께도 잘 보이고 싶었고, 또 좋은 성적도 받고 싶었기에 학교 수업을 정말 열심히 들었습니다. 그래서 제 교과서에는 누구보다 꼼꼼하고 깔끔하게 필기가 되어 있었습니다. 중간고사 때 학원 선생님들은 제 교과서를 보면서 수업하셨고 그 결과 학원에서 좋은 성적을 받은 친구들이 많이 나왔습니다. 그 후 학원 선생님들은 자꾸 제 교과서를 보여달라고 하셨습니다. 그러나 저랑 친하지도 않은 친구들과 학교 수업 시간에 놀거나, 자거나 했던 친구들까지 학원 수업을 듣는 것만으로도 좋은 성적이 나온다는 것이 조금 억울했습니다. 이러한 감정들이 쌓이다 보니, 더 이상 이러한 부분을 신경 쓰고 싶지 않아 그 학원을 그만두고 다른 동네에 있는 학원으로 옮겼습니다. 이런 상황 속에서 '내가 너무 이기적이지 않은가?'라는 생각이 저를 괴롭히기도 했습니다. 꼭 해주고 싶은 말은 그런 걸로 스스로를 원망하지 않았으면 좋겠습니다. 아직 대한민국의 입시가 누군가보다 조금이라도 더 뛰어나야 성공할 수 있으니, 당연히 이기적으로 될 수밖에 없는 것 같습니다. 특히, 수시에서요. 절대 본인의 탓이 아니에요. 조금 이기적이어도 괜찮아요!

높지 않은 성적이었지만 전교 15등과 반 1등이라는 좋은 결과도 있었습니다. 사소한 것에 행복을 잘 느끼는 저의 성격 덕분에 그래도 어느 정도 목표를 달성했다는 느낌도 받고 더 높은 성적을 받기 위해 더 열심히 할 의지도 생겼습니다. 저는 좋지 않은 결과에도 좌절만 하지 않고 제가 잘한 점은 스스로 칭찬해주었기에 더 열심히 공부할 수 있었던 것 같습니다.

°나의 성격과 공부

>>>남에게 보이는 '나'에 많이 신경을 쓴다

선생님들께 잘 보이기 위해 수업도 열심히 들었습니다. 자습실 자리도 선생님 눈에 띄는 곳으로 일부러 골라서 더 열심히 공부할 수 있도록 했습니다. 또, 존경했던 학원 선생님께 매일 플래너 검사를 받으며, 그 선생님께 더 칭찬받고 싶어서 열심히 공부했습니다.

>>>긍정적임

절대 좌절하지 않고 상황을 항상 긍정적으로 봤습니다. 좋지 않은 결과에도 좌절하지 않고 내가 잘한 점을 찾고 현명하게 이겨내도록 노력했습니다.

° 1학년 여름방학

1학년의 첫 방학은 새로운 학원에서 시작했습니다. 학원에 다니기 전, 간단한 대입 컨설팅을 받았습니다. 그때 이 성적으로 제가 원하는 대학교에 가기 어렵다는 얘기를 처음 들었습니다. 포기하라는 소리까지 들었죠. 하지만 저는 절대 굴하지 않고, '보여주겠다'라는 마음가짐으로 진짜 독하게 살 것을 다짐했습니다. 월, 수, 금, 토는 학원에서 오전 9시부터 오후 10시까지, 또 화, 목, 일은 학교 자습실에서 오전 9시부터 오후 5시까지, 수업 듣고 복습하기를 반복했습니다. 정말 그 어느 때보다 열심히 살았습니다.

° 진짜 독했던 2학기

운이 좋게도 저의 첫 번째 목표였던, '기숙사 합격'을 이루어 2학기부터는 기숙사에서 생활하였습니다. 그리고 정말 누구보다 독하게 공부했습니다. 보통 3등급에서 1등급, 2등급에서 1등급이 가장 올리기 힘든 등급이라고 합니다. 하지만 저는 이를 한 번에 해냈습니다.

> 국어: 1학기 3등급 → 2학기 1등급
> 통합사회: 1학기 2등급 → 2학기 1등급

가장 큰 변화는 학원 의존도를 낮춘 것입니다. 보통 고등학교 내신 대비를 할 때는 동네 학원을 추천하곤 합니다. 동네 학원 선생님들이 아무래도 학교 특성을 보다 잘 이해하고 계시기 때문이죠. 그러나 저는 여름방학 때부터 다른 동네에서 학원에 다녔습니다. 여름 방학 때는 수능 공부에 집중했었기에 크게 상관이 없었지만, 내신 대비를 시작하면서 불안함을 많이 느꼈습니다. 엄마랑 좋은 동네 학원을 열심히 찾아보기도 했죠. 결국 찾지 못한 채, 다니던 학원에서 내신까지 준비하게 됐습니다. 이때 저는 불안한 마음에 학원 수업보다 '제 공부'에 더 의존하게 됐습니다. 그렇다고 학원이 아무런 도움이 안 된 것은 아닙니다. 이때부터 저는 학원을 현명하게 '활용'하기 시작했습니다. 혼자 공부했으면 놓쳤을 포인트를 잡거나, 혼자 구하기에는 시간이 많이 걸리는 자료를 제공받는 등 공부를 '효율적'으로 할 수 있게 만들어주는 용도로 학원을 사용했습니다. 아무리 좋은 학원에 다니더라도, 배운 내용을 온전히 내 것으로 만들지 않으면 아무런 소용이 없습니다. 많이 언급되는 '순공시간'이 중요한 이유입니다.

또 학원에서 제가 많이 존경했던 선생님께 플래너 검사를 받기도 했습니다. 매일 아침에 플래너에 계획을 써서 제출하고, 저녁에 얼마나 달성하였는지, 또 얼마나 공부하였는지를 체크하여 제출하고 피드백을 받았습니다. 선생님께 정말 잘 보이고 싶어서 계획도 꼼꼼히 세우고 모두 달성하기 위해 열심히 노력했습니다. '남에게 보이는 나 자신'에 신경을 많이 쓰는 저의 성격을 현명하게 활용한 것이죠.

동시에 엄청 미련하게, 또 독하게 공부하기도 했습니다. 기숙사에 새로 입사한 친구들의 부정적인 시선도 있었고, 아무래도 공부를 하지 않았던 저의 중학교 이미지 때문에 알게 모르게 무시를 많이 받기도 했습니다. 그래서 성적을 엄청 올려야겠다는 욕구가 더욱 강해졌습니다.

▷월, 수, 금, 토 : 학원

11시 기숙사 귀가 → 샤워 → 12시부터 자습

▷화, 목, 일 : 학교 자습

10시 학교 자습 끝 → 기숙사 돌아와서 10시 40분까지 자습

→ 10시 40분 예배 → 샤워 → 11시부터 자습

▷5시 취침 → 6시 40분 기상 → 8시 아침 자습 참석

이처럼 루틴을 만들었고, 강박을 가지고 맞춰서 살고자 했습니다. 사실 원래는 격일로 늦게까지 공부하려 했지만, 다른 친구들이 5시까지 공부하는 모습을 보거나 공부를 하면 할수록 제 자신의 부족함이 너무 보이니, 쉽게 잠들지 못하겠더라고요. 그래서 진짜 거의 매일 5시 취침, 6시 40분에 일어나 공부했습니다. 학원 가는 날은 편의점에서 저녁을 대충 때우고, 매일 에너지 드링크를 달고 살았습니다. 학교 선생님들이 제가 에너지 드링크를 못 먹게 막을 정도였어요.

이렇게 열심히 공부하고 본 첫 시험 전날 밤이 아직도 기억이 납니다. 첫 시험은 국어 시험이었습니다. 할 것을 스케줄에 맞춰 다 하고, 침대에 딱 누웠는데 너무 긴장되고, 불안하고 떨려서 잠이 안 오는 그

감정이 아직도 생생합니다. 그리고 다음 날 시험을 딱 봤는데 답이 눈에 쏙쏙 들어왔습니다. 시험을 보고 채점을 했을 때 엄청 행복했던 기분이 아직도 생생합니다.

하지만 이렇게 미련하게 또 독하게 공부하는 것을 추천하지는 않습니다. 결론적으로 손해가 됐거든요. 2학기 기말고사를 준비하며 비슷한 스케줄로 공부했습니다. 그러다 보니, 몸에 탈이 나더라고요. 오랜 기간 동안 열이 나서 시험 기간에 병원 신세를 지기도 했습니다. 잠은 충분히 자고, 깨어 있는 시간에 최선을 다하도록 해요.

° 1학년 겨울방학

유명한 대형학원의 윈터 스쿨에 다녔습니다. 체력적으로 힘들어서 공부를 엄청 열심히 했다고 자신할 수는 없지만, 공부를 열심히 하는

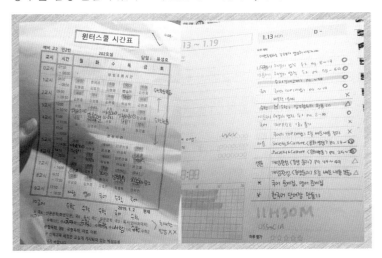

친구들 사이에서 자극을 엄청 받을 수 있었습니다. 공부를 잘하는 편이라고 생각하였는데, 더 잘하는 친구들 사이에서 공부를 하려니 조금 벅차기도 했습니다. 특히, 수학 진도 따라가는 것이 너무 힘들었습니다. 진도를 따라잡고 수업을 성실히 듣기 위해 학원 자습 시간에 주로 수학을 공부하고, 학원 마치고 집에 11시 넘어 귀가해서도 인터넷 강의로 부족한 부분을 보충하기도 했습니다.

° 2학년 코로나와 같이 온 슬럼프

윈터스쿨이 끝난 후 크게 아파서 몇 주간 입원을 하게 됐습니다. 제가 아픈 것의 원인이 어느 정도 기숙사에 있다고 판단한 부모님은 기숙사를 뺄 것을 결정하셨습니다. 처음으로 엄청난 노력을 들여 스스로 이루어낸 것을 뺏긴 기분이었습니다. 병원에서 엄청 많이 울었고, 힘들어했습니다. 동시에 코로나까지 터져 온라인 수업이 시작됐습니다. 학교를 제대로 가지 못하니, 스케줄 관리가 어려웠고 소위 '멘붕'이었습니다. 계속 낙담만 할 수 없다고 판단한 저는 다양한 방법으로 공부를 다시 열심히 하고자 했습니다.

▷ 계획 세우기

학교 시간표와 비슷하게 자기주도학습 계획표를 만들어 학교에서처럼 공부할 수 있도록 했습니다. 또, 중간고사 직전까지 to do list를 만들어 시험 성적을 잘 받기 위한 로드맵을 구상했습니다.

▷ 컨셉 잡고 공부하기

코로나19로 인해 자기주도학습이 증가하면서 유튜브에 ASMR이 엄청 등장했습니다. 이를 적극 활용하여 '하, 나는 공주니까, 공부해야 해' 등의 마음가짐으로 즐겁게 공부하기도 했습니다.

하지만, 아무래도 달라진 공부 환경 때문에 불안감이 너무 심했습니다. 이때 영어 과목의 학원 의존도가 다시 높아졌습니다. 영어는 혼자서도 잘 공부했던 과목인데, 아무래도 불안해서 제 공부법에 대한 신뢰가 낮아졌습니다. 그래서 다른 친구들이 하는 것처럼 학원에 다니고, 지문을 다 외우려고 했습니다. 그 결과, 처음이자 마지막으로

영어 2등급을 받았습니다.

이때 저는 '나에게 맞는 공부법'의 중요성을 깨달았습니다. 아무리 많고 좋은 공부법이 있다 한들, 결국 중요한 것은 '나에게 효과적인가?'입니다. 그래서 일찍 공부를 시작하면 '나에게 효과적인' 공부법을 일찍 알 수 있으니 좋습니다. 저는 중학교 때 공부하지 않은 것을 엄청 후회하지는 않지만 딱 하나 후회되는 점은 저에게 맞는 공부법을 찾을 시간을 낭비했다는 것입니다. 그래서 중학생 친구들을 만났을 때 꼭 해주는 얘기는 '지금 공부를 엄청 열심히 할 필요는 없지만, 그래도 본인에게 맞는 시간을 의미 있게 보냈으면 좋겠다'라는 말입니다. 이를 깨닫고, 2학기 때는 학원을 끊고, 다시 저한테 효과적인 공부법을 적용하여 성적을 다시 올릴 수 있었습니다.

부모님과 엄청 싸우기도 하고, 학원과도 트러블이 생기는 등 공부를 방해하는 것이 너무 많았어요. 정말 공부를 때려치우고 싶은 생각이 너무 많이 들었답니다. 너무 힘들어서 막 울기도 했어요. 근데 제가 공부 슬럼프를 극복한 가장 큰 계기는 '결론적으로 내 손해'라는 것을 알았기 때문이에요. 지금 너무 힘들고, 공부하기도 싫지만 그렇다고 공부를 하지 않으면 제 목표를 이루지 못해 나중에 더 힘들게 될 거라고 생각했어요. 그래서 다시 말하지만, 목표가 정말 중요한 것 같아요. 저한테 목표가 없었다면 공부 슬럼프를 이겨내지 못했을 거예요.

▷ **1월**

국어 과외를 제외하고는 인터넷 강의만 듣고 공부했습니다. 주간 계획표를 만들고 매일매일 할 것을 스터디플래너에 기록하며 규칙적인 생활을 할 수 있도록 노력했습니다.

STUDY PLANNER

	월	화	수	목	금	토	일
6:30-8:00	스터디카페 이동						
8:00-9:00	비문학 3문제/모의고사 + 기출 분석						
9:00-10:00	논구독	단일비	논구독	단일비	논구독	단일비	논구독
10:00-11:00	수학						
11:00-12:00							
12:00-12:30	LUNCH						
12:30-13:30	필라테스	영어	필라테스	영어			
13:30-14:30	생활과 윤리	사회문화	생활과 윤리	사회문화		사회문화	수학
14:30-15:30	영어	수학			국어 과외	생윤기출	사문 기출
15:30-16:30						수학	
16:30-17:30	국어 과외	수학 과외	논구독 복습	수학 과외	생활과 윤리	수학	
17:30-18:30			영어		수학	정치와 법	정치와 법
18:30-19:00	DINNER						
19:00-20:00	언어와 매체	생윤 복습	언어와 매체	사문 복습	언어와 매체	정법 복습	언어와 매체
20:00-21:00		생윤 기출		사문 기출		단일비 복습	
21:00-22:00	이동 + 씻기						
22:00-23:00	수학	국어 피드백	수학	국어 피드백	수학	수학	
23:00-24:00							

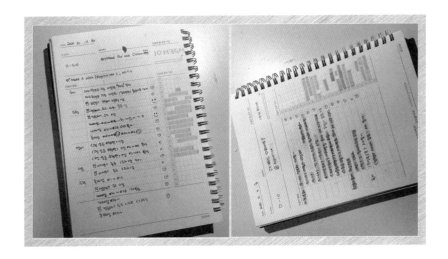

▷ **2월**

불안감 때문에 수학 과외를 시작했습니다. 가장 취약했던 과목이었기에, '인터넷 강의로만 가능할까?'라는 생각이 너무 강하게 들었습니다. 그래서 과외를 시작했습니다. 자연스레 인터넷 강의에 할애할 수 있는 시간도 적어지고, 인터넷 강의는 뒷전이 되어버렸습니다. 원래는 인터넷 강의를 주로 듣고자하였는데, 주객전도가 되어버린 거죠. 나랑 맞지 않다는 생각이 계속 해서 들었지만 불안감 때문에 쉽게 그만두지 못했습니다.

★나랑 안 맞는 것은 빨리 그만두기.

★자기 선택에 확신을 가지기 = 너무 불안해하지 않기

어느 정도의 불안감은 공부를 열심히 할 동기를 마련해주지만, 너무 큰 불안감은 선택의 상황에 있어서 눈을 멀게 하는 것 같아요. 잘 선택한 거고, 잘하고 있습니다! 자신을 믿어요!

▷ 1학기

엄청 바쁜 1학기를 보냈습니다. 수능 공부에는 신경을 거의 쓰지 못했어요. 마지막 내신 관리를 위해 열심히 공부했습니다.

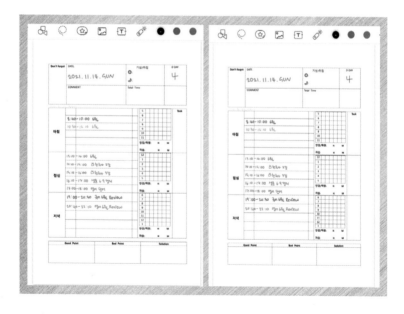

▷ 2학기

학교에서도 수능 공부를 했습니다. 2학기임에도 수업을 하시는 선생님이 많았습니다. 그래서 저는 시간별로 계획표를 써서 교시마다 할 것을 정해서 시간을 조금이라도 더 의미 있게 보내고자 노력했습니다.

이러한 앱을 사용해서 친구들과 함께 공부하기도 했습니다!
기숙사 후배 친구들이 해준 수능 응원!

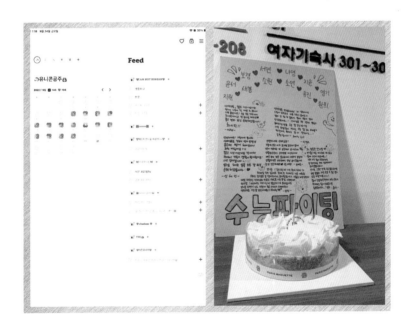

과목별 공부법

°문학(특히, 운문)

1. 학교에서 수업을 들을 때 연필로 선생님이 하신 말씀을 모두 적습니다.

2. 학교 선생님 필기를 볼펜으로 적고 외부 자료 등을 참고하여 부족한 부분을 보충합니다. (검, 빨, 파: 학교 필기 / 초: 외부 자료 등)

3. A4용지를 반으로 접습니다.

4. 왼쪽에 시 본문을 적습니다.

5. 중요한 시어 등 포인트가 되는 부분에 넘버링을 합니다.

(이때 색깔을 구분하여 넘버링합니다. 빨간색: 형식적인 부분 / 파란색: 내용적인 부분

/ 초록색: 어법 / 검정색: 시어 등)

6. 오른쪽에 넘버링에 해당하는 설명을 해당 색상으로 적습니다.

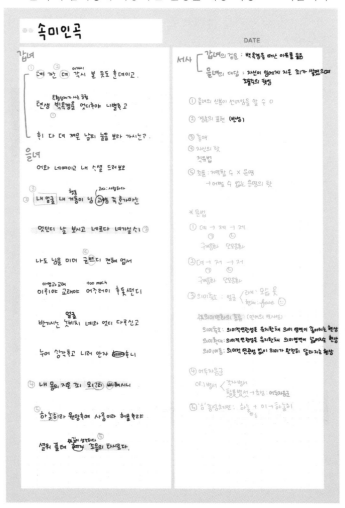

7. 이후 반으로 접어 해당 숫자에 해당하는 설명을 계속 외웁니다.

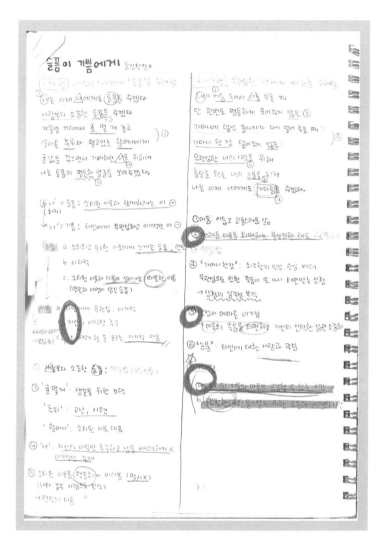

이렇게 시 바로 밑에 설명을 적기도 했습니다.

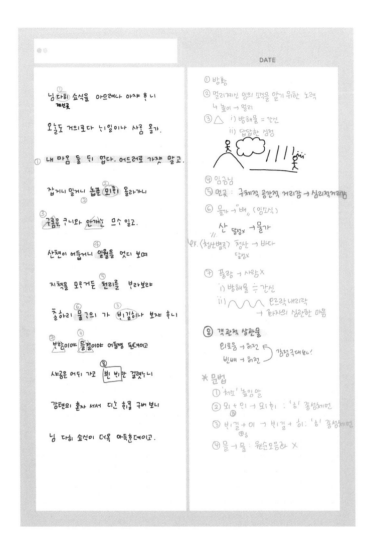

속미인곡 학습활동

DATE

1. 문학과 시대상황

(1) '을녀', '임'의 비유대상

작품만 고려 - 을녀와 임은 이별한 여성과 남성

작가의 상황 - 을녀는 작가자신, 임은 임금
우리하느

작품 창작의도: 임금을 향한 자신의 충성을
임금이 알아주기를 바라기 때문

(2) 작품 화자 여성 설정 이유 & 효과

탄핵받고 낙향해 있던 작가는 자신의 애틋한
연군의 심정을 여성 화자에 의탁하여 표현

즉, 임의 사랑을 받지 못한 여인이 자신의 애틋하고
절절한 심정을 하소연하는 방식을 취함으로써
사랑이라는 인간의 보편적 감정에 호소하고
독자의 폭 넓은 공감대를 형성하여 자신의 의도를
효과적으로 전달

2. 정철의 시조

화자가 임에게 자신의 마음을
전달하는 매개체

추상적 구체적
내 (마음) 베어 내여 / 별 돌을 / 밍글고져
비어내어   형상화기법

구만리 / 당텬의 / 번드시 / 걸려 이셔
긍정적 거리감 → 정서적 거리감

고온 님 / 계신 고딕 / 가 / 비최여나 / 보리라
3   3   3
음슈율   소극적 태도
                         ≒ 낙월

(1) 시조 vs 속미인곡

공통점: 4음보의 율격
       마지막 3 5 (=6) 4 3

차이점 ① 시조: 주제의식을 3장 6구의
           짧은 형식 속에 담아내기 위해
           함축적 의미의 시어를 사용하여
           압축적으로 표현

       ② 가사: 주제의식을 구체적으로
           드러내기 위해 세부적 인물과
           장면을 효과적으로 설정함으로써
           장형화됨.

(2) 가사 발생 이유

: 자유롭게 정서를 담아내어 화자의 정서와
정서 변화과정을 구체적으로 드러내기 위해

← 시조: 비교적 형식적 제약이 크기에
        작가는 자신의 정서를 정제되고
        압축된 형식으로 표현

* 산문의 경우 기승전결, 발단 - 전개 - 위기 - 결말 등 섹션에 따라 내용을 정리하였습니다.

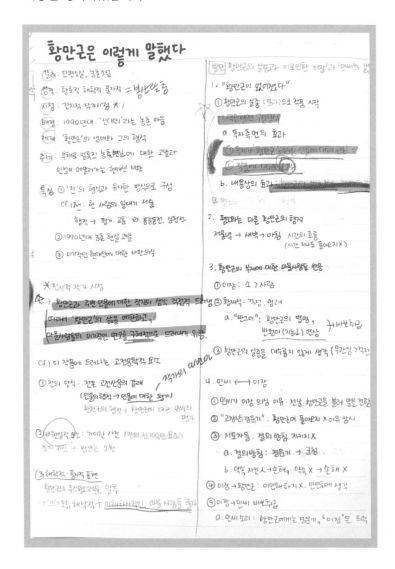

1. 학교에서 수업을 들을 때 연필로 선생님이 하신 말씀을 모두 적습니다.

2. 학교 선생님 필기를 볼펜으로 적고 외부 자료 등을 참고하여 부족한 부분을 보충합니다.

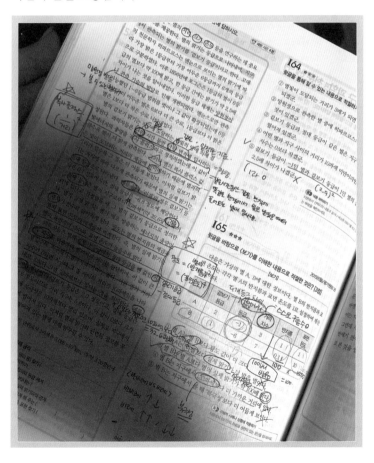

3. 문단별로 주제를 적고 중요한 문장 및 필기를 분류하고 계열화하여 적습니다.

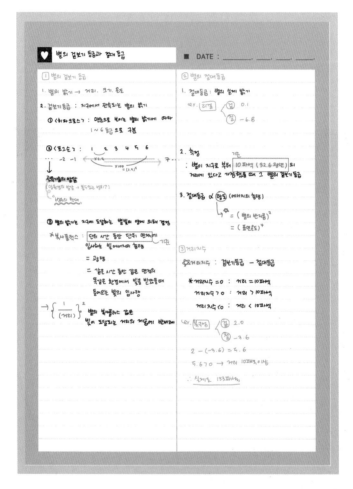

4. 빈칸 프린트를 만들어 암기합니다.

°문법(내신)

1. 학교에서 수업을 들을 때 연필로 선생님이 하신 말씀을 모두 적습니다.

2. 학교 선생님 필기를 볼펜으로 적고 외부 자료 등을 참고하여 부족한 부분을 보충합니다.

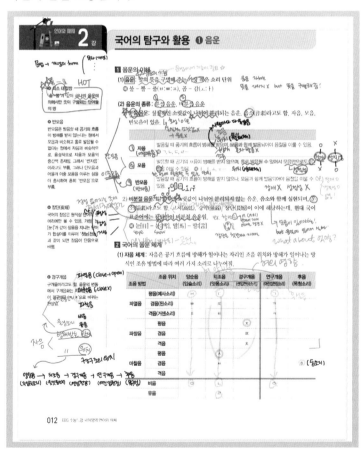

3. 개념을 분류하고 계열화하여 필기합니다.

빈칸 프린트를 만들어 암기합니다.

4. 다양한 문법 문제들을 풀고, 헷갈리는 것은 옆에 적어둡니다.

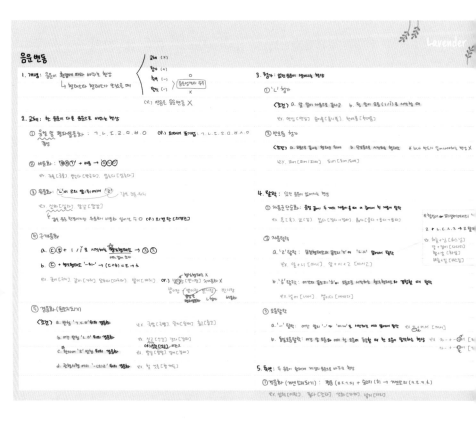

1. 학교에서 수업을 들을 때 연필로 선생님이 하신 말씀을 모두 적습니다.

2. 학교 선생님 필기를 볼펜으로 적고 외부 자료 등을 참고하여 부족한 부분을 보충합니다.

3. 지문을 처음부터 쭉 읽으며 주제문, 서술형 출제 포인트 등 중요한 문장에 형광펜 표시를 합니다.

4. 지문을 처음부터 쭉 읽으며 중요 단어, 헷갈리는 단어 등의 뜻을 적습니다.

5. 지문을 처음부터 쭉 읽으며 빨간색으로 어법을 체크합니다.

6. 지문을 처음부터 쭉 읽으며 파란색으로 내용적인 부분을 체크합니다.

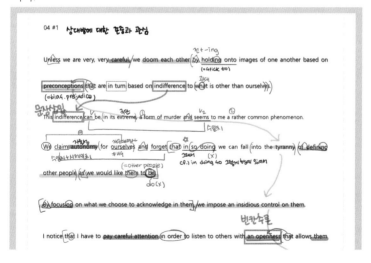

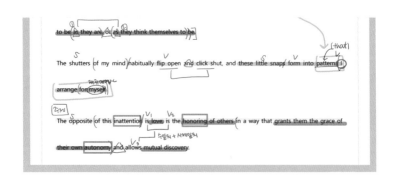

to be as they are, or as they think themselves to be.

The shutters of my mind habitually flip open and click shut, and these little snaps form into patterns I

arrange for myself.

The opposite of this inattention is love, is the honoring of others in a way that grants them the grace of

their own autonomy and allows mutual discovery.

7. 지문을 처음부터 쭉 읽으며 지문을 두 부분으로 나누어 색을 구분하여 표시합니다. (Ex. 상반되는 요소 / 하위 요소 등 – 예시 사진에서는 상반되는 요소 : 상대방에 대한 존중 vs 무관심)

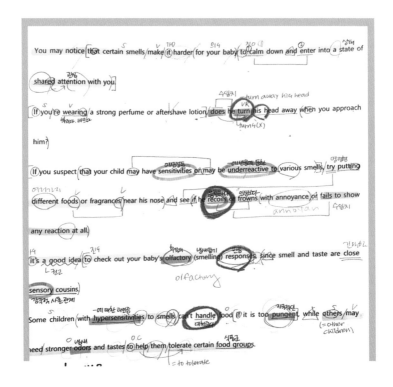

You may notice that certain smells make it harder for your baby to calm down and enter into a state of

shared attention with you.

If you're wearing a strong perfume or aftershave lotion, does he turn his head away when you approach

him?

If you suspect that your child may have sensitivities or may be underreactive to various smells, try putting

different foods or fragrances near his nose and see if he recoils or frowns (with annoyance) or fails to show

any reaction at all.

It's a good idea to check out your baby's olfactory (smelling) responses since smell and taste are close

sensory cousins.

Some children with hypersensitivities to smells can't handle food if it is too pungent, while others may

need stronger odors and tastes to help them tolerate certain food groups.

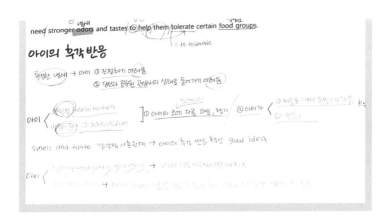

need stronger odors and tastes to help them tolerate certain food groups.

아이의 후각 반응

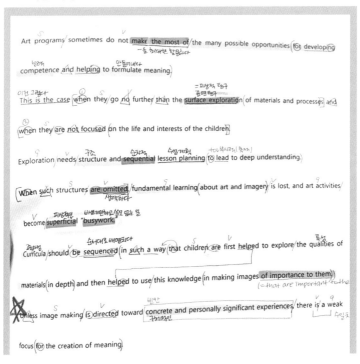

8. 이를 바탕으로 지문 밑에 내용을 정리합니다.

Art programs sometimes do not make the most of the many possible opportunities for developing competence and helping to formulate meaning.

This is the case when they go no further than the surface exploration of materials and processes and when they are not focused on the life and interests of the children.

Exploration needs structure and sequential lesson planning to lead to deep understanding.

When such structures are omitted, fundamental learning about art and imagery is lost, and art activities become superficial "busywork."

Curricula should be sequenced in such a way that children are first helped to explore the qualities of materials in depth and then helped to use this knowledge in making images of importance to them.

Unless image making is directed toward concrete and personally significant experiences, there is a weak focus for the creation of meaning.

focus (for the creation of meaning)

바람직한 미술 교육 과정의 방향

* ⓐ 명화 그림에 대한 파악과 탐구 ┐→ 의미를 만들어내고, 능력을 개발하는 미술 기능 필요 X
  ⓑ 아이들의 흥미나 인성의 강조 X

* 탐험능 것게, 순차적 숙달과정서 → 감상 이해
         ↓
         X   미술과 이미지에 대한 기호 교육 시작됨
                 미술 현상 파악적으로 바라보기만 하고 쓸모 있음 ?

* 교육과정 ⓐ 아이들이 명칭의 특징을 알게 이해) 동도록 배움.
          ⓑ 아이들에게 질문하는 이야기 만들기 위해 이 지식 반영

9. 시간적 여유가 된다면 빈칸 프린트를 풀며 내용을 익혔습니다.

지문을 의식적으로 암기하지 않았습니다. 오히려 지문을 의식적으로 암기하려고 했던 시도는 저에게 역효과를 불러일으켰습니다. 지문을 외우지 않는 대신 순차적으로 내용을 정리하여 지문을 한 번만 공부하더라도, 총 5번을 볼 수 있도록하여 자연스러운 암기가 이루어질 수 있도록 했습니다.

1. 학교 수업을 바탕으로 필기합니다.

2. 교과서에 학교 프린트, 외부 자료 등의 내용을 포함하여 단권화합니다.

3. 이를 바탕으로 개념을 분류하고 계열화하여 필기합니다.

4. 빈칸 프린트를 제작하여 암기합니다.

5. 문제를 풀고 개념을 적용하고, 맞은 문제, 틀린 문제 모두 꼼꼼하게 오답 노트를 작성합니다.

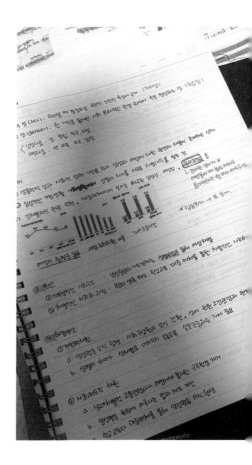

자신 있게 정답을 고른 문제라 한들, 내가 간과하고 넘어간 선지가 있을 수도 있어요. 시간적 여유가 된다면 모든 선지를 꼼꼼하게 검토하는 것을 추천해요.

°빈칸 프린트는 어떻게 만드나요?

저는 빈칸 프린트를 정말 많이 활용했어요. 빈칸 프린트를 직접 만들어서 들고 다니면서 계속 암기했죠.

저는 필기한 내용을 복사하거나, 전체를 워드로 쳤어요. 그리고 외워야 할 부분에 다 빈칸을 뚫어 놓고 복사했습니다.

공부를 하다가 조금이라도 헷갈리는 부분이 생기거나, 모르는 개념이 있으면 무조건 선생님을 찾아갔어요. 선생님을 당장 찾아갈 수 없는 상황이라면 선생님께 여쭈어볼 것을 모두 포스트잇에 써놓고 찾아가기도 했습니다. 진짜 매니악한 것, 또 시험에 절대 안 나올 순수 학문적으로 궁금한 것도 모두 물어봤습니다. 물어보는 걸 싫어하는 선생님은 절대 없어요! 오히려 엄청 좋아해주시고, 예쁘게 봐주실 거예요.

중간고사, 기말고사 직전에는 월간 계획표를 세워 시간을 관리했습니다. 시험 일정을 기준으로 날짜별로 공부할 과목을 적고, 매일 공부할 것 리스트를 적으며 공부했습니다. 이를 통해 한 과목에만 치우치지 않고 골고루 많은 과목을 공부할 수 있었습니다.

앞에서도 계속 얘기한 거지만 절대 나 자신에게 여유를 허락하지 않았습니다. 바로 느슨해질 것을 누구보다 잘 알았기 때문이죠.

목표를 가지고 공부하세요. 목표가 있고 없고는 정말 과정과 결과에 큰 차이를 만듭니다. 중장기 목표, 또 이를 이루기 위한 단기 목표를 세우고 공부하세요.

저는 이화여자대학교를 학생부 종합 전형으로 합격했습니다. 내신 성적도 중요했지만, 학교 활동 또한 그만큼 중요했죠. 내신 성적과 동시에 학교 활동도 성실히 해야 했습니다. 제가 성적도 챙기면서 비교과는 또 어떻게 관리했는지 알려드릴게요!

°자율

저는 1학년 때 학습 부장, 2학년 때 반장, 부반장, 3학년 때 반장의 직책을 맡았습니다. 입시에 성공한 많은 사람들은 반장을 했던 것 같아 1학년 때는 반장이 꼭 되고 싶었습니다. 아쉽게 반장이 되지 못하고, 좌절을 하지 않았다면 거짓말이에요. 하지만 학습 부장 직책을 맡아 정말 누구보다 열심히 활동했습니다. 어쩌면 반장보다 더요! 반장, 부반장이 되면 다른 일반 직책보다 반을 위해 활동할 수 있는, 또 생기부에 기재될 수 있는 좋은 기회가 더 많이 생긴다는 것은 사실입니다. 그러나 정말 시키는 일만 하는 반장, 부반장보다는 진심으로 반을 위해 봉사하며 스스로 할 것을 만들어내는 일반 학생이 더 좋다는 것을 얘기해주고 싶어요!

직책에 주어진 일 외에도 저는 다양한 활동을 만들어서 했습니다.

학습부장

멘토링 프로그램을 통한 '학급 성적 올리기' 프로젝트를 진행했습니다. 친구들의 전략 또는 취약 과목을 조사하고, 이를 바탕으로 멘토링 조를 구성했습니다. 여기서 그치는 것이 아니라, 학생들이 활발히 멘토링 활동을 진행할 수 있도록, 매일 수학 문제 2문제, 영어 단어 5개 등의 과제를 제시했습니다. 또, 각 과목 선생님들께도 양해를 구해 조별활동을 할 때 멘토링 조별로 활동을 진행하도록 하기도 했습니다. 그 결과 1학기 때에는 하위권이었던 우리 반 성적이 2학기 때에는 반 전체 1등을 하기도 하는 등 반 친구들 전체가 엄청난 성적 향상이 있었습니다.

반장, 부반장

코로나19로 인해 등교하는 일수가 적다 보니, 반 친구들 사이에 서먹함이 많이 있었습니다. 이를 해결하기 위해 '아이스 브레이킹' 시간을 기획하여 반 친구들이 서로의 속마음을 알고 조금 더 가까워질 수 있는 계기를 마련하였습니다.

또한, 매일 조회시간에 수행평가 브리핑 점검 시간을 운영하여, 당일 있는 수행평가에 대해 간단한 안내를 하였습니다. 잊고 준비를 못한 친구들이 있으면, 일대일로 진로 등과 엮어 준비할 수 있도록 도와주었습니다. 그 덕분에 학급에서 진행하는 월말 피드백에서 가장 많은 칭찬을 받기도 했습니다.

학생회

생활기록부를 위한 다양한 활동에서 강조하고 싶은 점은 본인이 단순히 어떤 활동을 했다는 점에만 만족하지 말라는 것입니다. 저는 2학년부터 3학년까지 학생자치회의 문예홍보부장으로 활동했습니다. 2학년 때는 학교 홍보물 제작 등 주어진 일만 성실히 했습니다. 이러다 보니, 생활기록부에 '그 활동을 했다'라는 사실만 들어갈 뿐 인상 깊은 내용이 기재되지는 않더라고요. 그래서 3학년 때는 다양한 프로젝트를 직접 제안, 기획을 해보았습니다. 가장 기억에 남는 프로젝트는 '지필평가 시간표 자율화 프로젝트'입니다. 지필평가 시간표에 대한 학생들의 불만은 항상 있었습니다. 그래서 '학생이 시간표를 계획하면 불만이 줄어들지 않을까?'라는 생각을 하게 됐고, 이 프로젝트를 기획하게 됐습니다. 원래는 학생회에서 자체적으로 시험 시간표를 몇 가지 만들어 학생들에게 제시한 후 투표할 계획이었으나, 이 방법은 다양한 조합의 선택과목을 가진 학생들을 고려하지 못하는 등의 문제점이 있었습니다. 따라서 각 반 대표들을 불러 불편함을 최소화하고 최대한 많은 학생들을 만족하게 할 방안으로 시험 시간표를 다시 계획하였습니다. 여러 의견을 수렴하고, 조율해나가는 과정을 결코 쉽지 않았어요. 학생회의 프로젝트가 많은 학생들뿐만 아니라 학교에 많은 영향을 끼칠 수 있기에 신중히 기획해야 함을 알게 될 수 있는 시간이었습니다. 따라서 이후에 다른 학생회 프로젝트를 구상할 때도, 이 점을 많이 고려하여 사전에 문제 상황을 방지할 수 있도록 했고, 다양한 관점에서 문제를 바라보고 해결할 수 있는 능력 또한 기를 수 있게 됐습니다.

어떠한 직책, 역할 등을 맡았다는 사실만은 큰 도움이 되지 않아요. 그 역할을 활용하여 다양한 활동을 보여주세요! 그리고 이를 통해 어떻게 성장하였는지를 보여주세요.

°진로

'진로'는 정말 고등학생 친구들의 가장 큰 고민거리인 것 같습니다. 어쩌면 '진로'가 생활기록부의 스토리라인을 만드는 핵심이기 때문이죠.

저는 3년 동안 외교관 - 교육계열 - 교육계열의 진로를 가지고 있었습니다. 2학년 때 진로가 바뀌었죠. 사실 많은 학생들이 생활기록부에 감점 요인이 되지 않을까 등의 생각 때문에 진로가 바뀌는 것에 대한 두려움을 가지고 있습니다. 하지만 '고등학생'이잖아요! 당장 저도 진로가 계속해서 바뀌는데 아직 어린 나이에 진로가 바뀌는 것은 너무 당연한 거예요. 바뀐 계기, 이유만 명확하면 됩니다. 저와 같은 경우에는 외교관에 대한 직업에 관심을 가지고 국제 관련 이슈들을 조사하면서 인권을 보호받지 못하는 등 어려운 상황에 놓여 있는 아동들에 관심을 가지게 됐습니다. 이들을 제도적으로만 돕기보다는, 조금 더 직접적으로 도와주고 싶은 마음에 교육 관련 진로를 생각하게 됐어요. 이러한 스토리를 가졌기에, 자연스레 '국제' 분야와 '교육' 분야가 융합된 활동을 많이 진행했습니다.

진로 : 다문화 교육 특강을 듣고 다문화 가정의 증가에 따라 발생하는 교육 격차에 관심을 두고 지역 다문화 가정의 교육격차 해소 정책을 조사하여 보고서를 작성했습니다.

통합사회 : 유엔아동권리협약을 통해 아동 인권에 관심을 갖고, 국제사회에 존재하는 다양한 아동인권침해 사례와 해결 방안을 제시하는 미니북을 만들어 제출하였습니다.

국어 : 외국의 다양한 교육 정책을 한국의 상황과 비교하며 우리나라 입시의 문제점을 제시하고 이에 대한 해결 방안을 주장하는 글쓰기 활동을 했습니다.

고등학교 1학년 때 생활기록부 컨설팅을 받은 적이 있습니다. 한창 '스카이캐슬'에 빠져 있기도 하고, 받으면 무조건 이득이라고 생각했었습니다. 도움이 아예 안 됐다면 거짓말이에요. 수행평가 주제를 고민하는 시간이 줄어들고, 혼자서는 생각도 못 해봤을 주제로 활동할 수 있었으니까요. 하지만 제가 직접 진정 그 분야에 관심을 가지고 생각하여 탐구한 주제보다는 확실히 깊이가 떨어진다고 생각합니다. 교육 관련 분야에 진심으로 관심이 생긴 이후로는 다양한 경험을 교육과 엮어서 많이 생각하였고, 일상적인 것을 당연하게 여기지 않고 끊임없이 의문을 제기했습니다. 또 이를 생각으로만 가지고 있지 않고 사소한 수행평가에서도 제 생각을 적용해보도록 노력했습니다.

또, 진로를 끊임없이 구체화했습니다. 1학년 때는 진로에 대한 다양한 고민을 보여줬고, 2학년 때부터는 교육 관련한 다양한 활동을 진행하며 교육 분야에서의 저의 최종 목표를 정했습니다. 바로 '모두가 평등하고 행복하게 교육받을 수 있는 교육 시스템을 설계하는 것'이었습니다. 목표를 구성하는 키워드를 중심으로 활동을 진행했습니다.

모두 : '노인이 주체가 되는 모의 교육 플랫폼' 설계 등
평등 : '난민을 위한 모의 교육 시스템 설계' 등
행복 : '현 교육제도의 문제점 인식 및 청소년 인권 보호' 등

진로와 관련된 다양한 활동을 하다 보면 '이게 진짜 내가 원하는 것인가?'라는 생각이 자주 들더라고요. 나의 꿈을 생활기록부를 꾸미기 위한 용도로만 사용하는 것 같았어요. 이런 생각들은 공부 의지

를 계속 꺾더라고요. 그래서 저는 생활기록부에 적혀져 있는 꿈과는 아예 상관없는 아주 사소한 목표를 만들었어요. 예를 들면, '수능 끝나고 필라테스 강사 자격증 따야지!'와 같은 사소한 목표들이 다시 공부 의지를 다질 수 있게 많이 도움을 준 것 같아요.

°수행평가

앞서 언급한 진로 활동들은 수행평가의 형태로 진행한 경우가 많았습니다. 일부 수행평가는 지필고사 2~3주 전 매우 바쁜 시기에 진행되기도 했습니다. 이런 수행평가의 경우에는 정말 짧은 시간 안에 최대한의 효율을 내어 완성도 높은 결과물을 제출했어야 했습니다.

미리 생각해두기

새로운 학기 수업을 시작하시며, 각 교과목별로 선생님께서 '평가계획'을 언급하시면서 수행평가에 대해 설명을 하십니다. 이때부터 대략 어떤 주제로 활동하면 좋을지 계속 생각했습니다. 아무래도 짧은 시간 동안 고민하여 제출한 결과는 완성도가 떨어지기 때문이죠.

이를 위해서는 자신의 진로, 또는 진학하고 싶은 학과에 대한 정보를 많이 찾아보는 것 또한 도움이 됩니다. 학과 또는 진로가 원하는 핵심 역량 등에 대해 알 수 있게 돼 이에 맞춰 활동을 진행할 수 있기 때문입니다.

선생님 활용하기

수학 단계별 시스템을 도입한 '교육용 앱 제작'이라는 주제로 활동을 한 적이 있습니다. 제 설계안을 어느 정도라도 현실화 시키고 싶은 마음에 한 번도 수업을 들어보지 않은 선생님을 찾아가 자문을 구하기도 했습니다. 사회문제탐구 시간의 '노인을 위한 모의 교육 플랫폼 설계'를 할 때도 제 계획 등에 대하여 과목 선생님께 계속해서 질문하며 제가 놓치고 있는 부분이 없는지 등을 확인받았습니다. 이때 제가 고려하지 못한 노인들의 특성에 대해 알게 됐고, 이를 보완하여 활동을 진행할 수 있었습니다.

친구들과 대화하기

주위 친구들의 진로가 모두 같지 않고, 다양한 분야에 관심을 두고 있는 친구들이 정말 많습니다. 친구들과 수행평가 주제에 대해 얘기하며, 다양한 관점에서 제 주제를 바라볼 수 있도록 하였고, 제가 생각해보지 못한 부분에 대해서도 얘기를 들을 수 있었습니다. 또, 주제 생각이 안 날 때 친구들이 제가 생각지도 못한 주제를 추천해주기도 했습니다.

대충하지 말 것!

사소한 수행평가라도 대충하지 마세요. 바쁘다, 힘들다는 핑계로 대충한 수행평가는 나중에 생활기록부에서 티가 나고, 후회되더라고요. 조금은 힘들더라도 최선을 다하세요!

Don´t forget

★

★

★

★

★

★

★

★

★ 나에게 적용해보고 싶은 것들 기록하기

2

내성적이고
소극적이었던
서윤이의
과감한 도전

°서윤의 공부법

한 분야의 개념을 완전히 내 것으로 만들기 위해 우리는 공부 합니다. 내가 완전히 습득해 누군가에게 설명할 수 있을 정도가 되었을 때까지는 계속 공부해야 합니다. 그런 상태에 도달하기 위해서 개념학습, 적용학습 두 단계를 거치는 공부를 합니다. 학창 시절 공부만 아니라 어떤 것을 공부하더라도 이 단계를 거칩니다.

개념학습은 말 그대로 지식이나 이론을 공부하는 것입니다. 보통 교과서를 정독하거나 수업을 들으면서 개념을 익힙니다. 적용학습은 문제를 풀면서 배운 내용을 적용해보고 나의 부족한 점을 찾아내는 과정입니다.

이 개념학습과 적용학습을 통해 효과적으로 공부를 할 수 있는 저만의 방법을 소개하고자 합니다. 어떤 것을 공부할 때도 활용할 수 있습니다.

저는 무엇이든 명확하게 규정하기를 좋아했습니다. 그래서 공부할 때도 분류를 활용했는데요. 글이 깔끔하고 분류가 분명한 책 하면 어떤 것이 떠오르시나요? 사전이 떠오르지 않나요? 사전에는 많은 정보가 있지만 우리는 원하는 내용을 금방 찾을 수 있습니다. 예를 들어, 국어사전에서 40만 개의 단어 정보 속에서 내가 원하는 정보를 금방 얻을 수 있습니다. '소'라는 단어를 찾고 싶다면 자음의 순서를 고려해 'ㅅ'을 찾고, 'ㅅ'이라는 상위항목 아래에서 모음 'ㅗ'가 있는 페이지를 찾으면 됩니다.

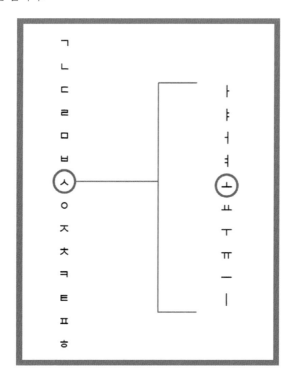

우리는 노트 한 권을 한 과목의 사전처럼 만들며 공부했습니다. 노트 한 권만 있으면 그 과목의 내용을 모두 알 수 있도록 만들었습니다. 이 공부 방법은 제가 공부를 잘하면서 학창 시절을 보내는 데 많은 도움을 주었는데요. 나만의 사전 노트를 만드는 과정을 설명하고 분류와 노트 만들기가 어떤 연관이 있는지, 공부 방법의 장점이 무엇인지 구체적으로 소개하겠습니다.

°공부 방법 과정

★목차 암기 - 수업 몰입 - 나만의 노트 제작 - 문제 풀이를 통한 노트 보충 - 뽀모도로를 활용한 반복 학습

[수업 전]
· 목차 암기
[수업 중]
· 필기 내용 정리
· 수업에 온전히 몰입
[수업 후]
· 교재와 수업 필기 내용을 합쳐 나만의 노트 제작하기
· 문제를 풀면서 학습한 내용을 노트 해당 단원 부분에 추가 필기
· 친구, 선생님과 소통하기

노트에 필기만 하면 노트 만들기가 완성되지 않습니다. 저의 사전 노트 만들기는 필기 이외에도 해야 할 일들이 있는데요. 노트를 만들기 위해 해야 할 일은 수업 전, 수업 중, 수업 후 세 가지로 나뉩니다.

▷ 수업 전

수업 전에는 오늘 배울 내용을 파악하는 것이 중요합니다. 오늘 배울 내용의 범위는 어디부터 어디까지이고 대단원과 소단원을 보고 각 단원의 필기 분량을 대략 예측합니다. 수업 내용을 노트에 필기하기 위해서 폴더를 만들어 주는 작업입니다. 오늘 수업을 듣고 어떤 내용을 어떤 폴더에 넣을 것인지 미리 생각해둡니다. 교재에 이미 나와 있는 기존 목차에서 내가 추가하고 싶은 소목차가 있거나 목차를 재구성하고 싶다면 마음대로 바꾸어도 됩니다. 나만의 노트이니까요.

배울 내용을 미리 정독하면 수업 내용을 예측해 좋은 폴더를 만들 수 있습니다. 그렇지만 수업 전에 예습한다는 것은 쉽지 않죠. 저도 다음날 수업할 내용을 미리 공부하기는 쉽지 않았습니다. 예습을 한다는 것은 부담이 되는 일이기 때문에 가볍지만 꾸준히 할 수 있는 것을 선택했습니다. 수업 전에 목차만 읽어보는 것만으로 충분하다고 생각합니다.

▷ 수업 중

제가 수업 중 오로지 집중했던 것은 '수업 그 자체'였습니다. 수업 자체에 몰입하면 많은 학생이 앉아 있는 교실에서 1:1 과외를 받는 효과를 느낄 수 있습니다. 항상 맨 앞자리에 앉아서 수업하시는 선생님과 눈을 마주치려고 노력했습니다. 맨 앞자리에 앉으면 다른 친구들이 보이지 않습니다. 그래서 시선을 분산하는 요소가 없어 집중이 잘되고 마치 자신과 선생님, 단둘만 교실에 있는 느낌을 받습니다.

선생님과 눈을 마주치면서 강의를 듣는 것도 매우 좋습니다. 선생님께서 학생들이 수업 내용을 잘 이해했는지 확인하고 싶어 하십니다. 한 템포가 끝날 때마다 자연스럽게 선생님의 시선이 맨 앞에서 수업을 적극적으로 듣는 제게로 향합니다. 만약 이해되지 않아 아리송한 표정을 지으면 한 번 더 자세히 설명하십니다. 이해가 충분히 되어 고개를 끄덕이면 다음 수업 내용을 설명하십니다. 제 이해도를 바탕으로 수업이 전개되는 것입니다.

저는 멀티플레이 능력이 좋지 않았기 때문에 수업에 몰입하면서 필기를 병행하기가 쉽지 않았습니다. 적는 데 집중하다 보니 진도는 금방 저 멀리 나가 있었습니다. 따라서 수업 시간에 필기할 때 예쁘게 받아 적는다는 생각을 버렸습니다. 일단 중요한 포인트를 적는 것에만 집중했습니다. 영어 듣기 문제를 풀면서 노트 테이킹을 하는 것처럼 말이죠.

수업을 듣고 필기할 때는 노트에 바로 적지 않는 걸 추천합니다. 수업과 필기를 병행하면 예측할 수 없는 필기 내용 때문에 여기저기 적게 되어 깔끔하지 않습니다. 애정을 담아 예쁘게 필기 단권화 노트를 만들어야 합니다. 노트를 보는 행동이 자연스럽게 반복되어야 하기 때문입니다. 노트가 지저분하면 자주 보고 싶지 않고 내용이 난잡합니다.

또한 받아 적느라 수업 내용을 놓치는 일이 빈번합니다. 내신 시험은 선생님께서 출제하기 때문에 수업 시간에 선생님께서 무엇을 강조하시는지 놓치지 않는 것이 중요합니다. 수업은 다시 듣기 어렵지만 예쁘게 필기하기는 수업 후에도 할 수 있습니다. 실시간 수업을 들을 때는 판서를 사진으로 찍어놓고, 인강을 들을 때는 화면을 캡처한 뒤에 수업 후 필기합니다.

우리가 해야 할 필기는 큰 필기와 작은 필기 두 가지로 나뉩니다. 제가 정의한 '큰 필기'란 노트의 80%를 채울 핵심 개념입니다. 교재와 수업에서 중점으로 다룬 부분이 됩니다. 선생님께서 수업하시면서 표를 그리시거나 빔프로젝터를 활용해 오늘 배운 내용을 모조리 정리한 필기를 말합니다. 나머지 하나는 선생님이 칠판에 따로 적지 않으셨고, 교재에 나와 있지 않지만 우리가 수업을 들으면서 몰랐던 내용이나 선생님께서 강조하신 세부적인 내용인 '작은 필기'입니다.

수업 중 필기할 때 노트에 바로 필기하지 않고 내가 나중에 필기하고자 하는 포인트를 종이 한 장을 따로 준비해 그곳에 적습니다. 그리고 필기보다 수업에 최대한 몰입합니다. 다른 잡생각을 하지 않고 선생님의 강의에 온전히 몰입하는 것입니다. 예쁘게 정리하는 일은 수업 후에 합니다.

사설 인강보다 EBS를 선호했습니다. EBS는 무료이지만 사설 인강은 가격이 꽤나 듭니다. 하지만 완전히 가격 때문에 EBS를 선택한 것은 아니었습니다. 선택의 기준은 '집약성'이었습니다. EBS는 교재와 강의 하나가 사설 인강보다 요약되어 있습니다. 사설 인강은 경쟁력을 갖춰야 하고 수익성을 창출해야 합니다. 그래서인지 교재는 정말 자세하고 인강은 불필요하게 길다는 느낌을 받았습니다. 강의를 길게 듣기보다 개념을 익히는 데 시간을 더 투자하고 싶었습니다. 하지만 EBS는 한정된 예산으로 교재와 강의를 제작해야 합니다. 또한 방송 시간이 정해져 있기 때문에 강의 시간이 대부분 일정합니다. 저렴한 금액으로 책을 판매해야 하기 때문에 응집된 정보가 한 권의 책과 강의에 담겨 있는 경우가 많습니다. 또한 선생님께서 주어진 시간 내에 강의를 끝내기 위해 핵심적인 내용을 위주로 설명합니다. 첫 개념학습은 필요한 내용만 있는 EBS로 끝내고 심화 내용은 교재나 강의보다 문제를 풀면서 제가 스스로 습득해 나가는 게 더 공부 효과가 좋았습니다. 궁금한 사항은 해당 강의 게시판에 직접 글을 남기면 조교가 아닌 선생님께서 직접 답변을 남겨 주셔서 더욱 유익했습니다.

교재와 종이에 적은 필기 내용을 활용해 나만의 노트를 제작합니다. 교재의 구성이 마음에 들지 않으면 나에게 맞게 다시 배열하거나, 교재에 덧붙이고 싶은 내용을 마음껏 노트에 적습니다. 노트에 따로 적지 않고 교재에 적었으면 이리저리 흩어질 내용이 한눈에 보기 좋게 모입니다.

교재와 필기 내용을 하나하나 손으로 쓰면서 구성하면 오래 걸리지 않을까 걱정하는 학생이 있을 수 있습니다. 교재에 바로 필기하면 되니 굳이 2번씩이나 적을 필요성을 느끼지 못할 수도 있습니다. 하지만 노트를 만드는 과정에서 자연스럽게 목차와 내용을 습득하게 됩니다. 또한 내 마음대로 구성할 수 있기 때문에 내용을 이해하는 데에 도움을 줍니다. 나만의 사전 노트 만들기는 요리하는 과정과 비슷합니다. 요리하기 전에 마트에서 재료를 구입하고 나만의 재료로 레시피를 재구성해서 요리를 완성하면 기존의 레시피를 그대로 따라하거나 식당에서 사서 먹는 것보다 훨씬 큰 의미를 느낄 수 있습니다. 내가 만든 요리에 애정도 가게 되고 소중하게 여기게 됩니다. 한 번 만들면 레시피도 잘 까먹지 않습니다. 마찬가지로 사전 노트도 충분한 시간을 들여 완성하면 장기적으로 엄청난 도움이 됩니다.

요즘은 태블릿이나 개인 노트북을 통해 필기할 수 있고, 원하는 부분만 선택해 오려서 붙일 수 있다니 더욱 나만의 노트 만들기가 쉬울 것 같네요. 그래도 저는 최종 노트는 종이 노트로 만드는 것을 추천합니다. 전자기기는 편리하지만 유튜브, 카톡 등 방해 요소가 많아 집중이 어렵습니다. 또한 노트에 애정이 담겨서 자꾸 들여다보고 싶어야 하는데 눈이 쉽게 피로해지고 켜고 끄기가 귀찮아 잘 보지 않게 되더라고요. 종이 노트는 시간과 정성이 더욱 들어가는 만큼 보고만 있어도 뿌듯한 느낌이 들어 자꾸 보게 되는 것 같습니다.

필기 TIP 〈한 눈에 들어오게 만들자〉

1) 색깔 활용하기

다이소에서 1,000원에 빨간색, 주황색, 노란색, 초록색, 파란색 5개 들어있는 형광펜 세트를 구입했습니다. 빨간색은 선생님께서 강조하는 부분, 주황색은 이해가 안 돼서 질문할 부분, 노란색은 자신이 중요하다고 생각하는 부분에 표시했습니다. 나머지 색은 각 과목마다 다르게 활용했습니다. 특히 영어 과목은 색깔로 출제 포인트를 분류해 시각화했습니다. 초록색은 어휘 문제로 출제될 가능성이 있는 내용, 남색은 숙어 문제로 출제될 가능성이 있는 내용, 보라색은 문법 문제로 출제될 가능성이 있는 내용, 연두색은 접속사에 칠했습니다.

이렇게 색깔을 통해 분석하면 머릿속에 사진처럼 찰칵 찍혀 저장됩니다. 정보가 시각적 이미지로 저장됩니다. 무의식적으로 정보가 분류되어 저장되기 때문에 암기에 노력이 덜 요구됩니다. 특히 벼락치기 할 때나 시험 직전에 보고 들어갈 때 더욱 도움이 됩니다.

2) 한 페이지에 담기

한 카테고리 되도록 한 페이지에 모두 정리해서 한눈에 볼 수 있도록 하는 것이 좋습니다. 소제목과 세부 내용이 한눈에 사진 한 장처럼 저장되어 전체적인 흐름을 파악할 수 있습니다. 또한 한 카테고리 내에서 다루는 내용이 특정 기준으로 비교·대조되는 경우가 많기 때문입니다. 그래서 줄 노트보다 종합장을 사용해 자유롭게 적거나 초과되는 내용을 포스트잇에 적어 빈 공간에 붙이면 좋습니다.

02. 사회집단과 사회 조직

※ 사회집단

1. 의미 : 소속감과 공동체 의식을 가지고 지속적인 상호 작용을 하는 사람들
   성립요건 : • 2명 이상의 구성원 • 지속적인 상호 작용 • 소속감과 공동체 의식
   vs ┌ 집합, 군집   ┌ 사회적 범주   ┌ 사회집단
      ex. 야구장 관중들   → 공통의 특성을 묶어 분류, ex.군인   ex. 남한군인 vs 북한군인

2. 종류

   [접촉 방식] [결합 의지] [소속감]
    직접 간접 자연 인위 O X 소속집단
    1차 2차 공동 이익 내 외
        사회 사회

(1) 접촉 방식, 친밀도에 따른 분류 (쿨리)   1차 2차 공동 이익사회
    (1차) 집단   (2차) 집단 ⊂ 이익사회

   • 직접 접촉   O ← [인간관계 자체] → X • 간접 접촉
   • 인간관계 자체가 목적 : 다른 사람과의 관계로 대체X   • 특정한 목적을 달성하기 위해 수단적인 접촉
   • 대면적 접촉, 친밀, 지속적 관계   • 형식적, 공식적, 계약적 관계
   • 개인의 인성, 정체성, 사회성 형성의 기초   • 사회가 전문화되고 복잡해질수록 수가 증가함.
   • 비공식적 통제 (도덕, 관습 등)   • 공식적 통제 (규칙, 법률 등)

     가족, 또래집단   회사, 정당, 자선단체 등

                    [접촉] [결합]
                • 가족   1차   공동
(2) 결합 의지에 따른 분류 (퇴니스) • 회사 2차 이익
    (공동) 사회 (공동체)   • 댄스 동호회 : 2차 +1차 이익   *(이익) 사회 (결사체)

   • 구성원의 의지와 무관하게   • 구성원의 의지에 의해서
   • 선천적, 자연발생적으로 결합 - (본질)의지   • 후천적, 인위적으로 결합 - (선택) 의지
   • 결합 자체가 목적   • 필요에 의해서 결합
   • 인간관계 : 친밀, 정서적, 신뢰, 협동심   • 인간관계 : 수단적, 목적 지향적, 표출성 지향

     가족, 친족, 마을 공동체 등   (학교), 회사 등 시민단체

(3) 소속감에 따른 분류 (섬너) 분류 고정적X → ex. 엽반 [판소대항 : 외 / 학교대항 : 내]

(내)집단	(외)집단
자신이 (소속)되어 있으면서 소속감과 공동체 의식을 갖고 있는 집단.	자신이 소속되어 있지 않으면서 이질감 또는 적대감을 가진 집단.
※ 소속 집단이 반드시 내 집단인 것은 아님. 자아 정체성 획득	소속되지 않은 모든 사회집단이 (외)집단인 것은 아님. • 외집단 존재 때문에 내집단의 결속이 강해짐. ex. 운동회 • 내집단의 특성을 객관적으로 파악할 수 있음. ex. 비교
우리 집, 우리 학교, 우리 반 등	상대 팀, 타 종교 집단, 전쟁 중인 적국 등

(4) 준거집단

의미 : 개인의 판단이나 행동의 기준이 되는 집단

특징 : 소속집단 = 준거집단
　　　 : 소속 집단에 대한 자긍심, 만족감, 공동체 의식↑

소속 집단 ≠ 준거집단
: 소속 집단에 대한 불만족, 상대적 박탈감↑

✗ 사회 조직

　모든 사회조직은 사회 집단이다!
· 사회 집단 중에서,
· 목표와 경계가 뚜렷하고
· 구성원의 지위와 역할이 명확
· 공식적인 규범과 절차 규정 ⇔ 보상, 제재

가족
학교 → 사회 집단 : 2명↑, 지속적상호작용, 소속감

사회조직 · 공식조직

1.
(1) 공식 조직 ex) 학교, 회사
· 공식적인 목표와 과업을 효율적으로 달성하기 위한 사회조직 ≡
· 형식적이고 수단적인 인간관계 — 규정, 절차 중심

↳ 비공식 조직 ⊂자발적 결사체

의미 : 공식 조직 내에 주체 하면서 개인의 취미나 관심사 등에 따라 자발적으로 결성한 사회 집단
　　　 ↳ 자발적 결사체
사례 : 사내 봉사 모임, 사내 동호회 등　ex) 교내 배드민턴 동호회
특징 : 공식적 규범에 좌우되지 않는, 가치와 행동 유형을 지님
장점 : 정서적 안정, 만족감, 정보 교환 ⇒ 공식 조직의 효율성을 높임　ex) 효율성향상 - 생산성↑
단점 : 사적인 관계 개입 ⇒ 공식 조직의 효율성이 낮아질 수 있음.

2. 자발적결사체 ⊂이익사회
의미 : 공동의 관심사, 목표를 가진 사람들이 자발적으로 결성한 집단
유형 : · 친목집단 - 여가, 취미를 공유하고 친밀감유대감을 갖기위해 결성 (각종 동호회)
　　　 · 이익집단 : 특정 집단의 이익 추구 (의사회, 약사회, 변호인 협회 등 각종 직업 집단) ⊂ 이익사회
　　　 · 시민단체 : 공익 추구 (환경 단체, 소비자 단체 등)
배경 : · 현대 사회에서 직업, 관심사가 다양해짐. - 참여 욕구 증대
　　　 · 2차 집단의 비중이 커지면서 소외감이 증대됨.
특징 : · 자발적 참여 — 가입과 탈퇴가 자유로움.
　　　 · 강제적, 경제적 보상에 근거해서 운영되지 않음. - 목표와 신념이 뚜렷함.
　　　 · 1차적 관계가 강한 집단과 2차적 관계가 강한 집단이 있음.

언젠간 쓸모가 있겠지

3) 그림을 그리기

학습 내용을 익힌 뒤에 한 부분이 끝날 때마다 내용을 요약해 하나의 그림으로 나타냅니다. 예를 들어, 저는 영어 지문 하나가 끝날 때마다 재미있게 표현하려고 했습니다. 그림과 스티커를 사용해 그림만 봐도 한눈에 내용을 이해할 수 있도록 했습니다.

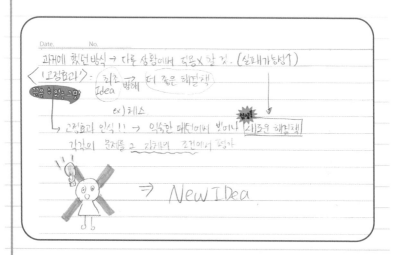

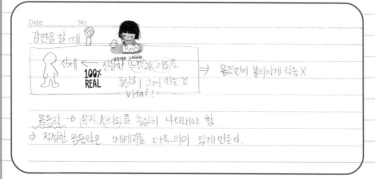

comments (and understand [that] the husband is driving [to] the store - (but would remain blind [to] the annoyance.

[A person [with] an injured left hemisphere] would understand
= If a person had an injured left hemisphere, he or she would understand that
[that he is irritated - (but might not know [where he just went.]

중요개크 와이비 외남
"가게에 장더 물기"

<정상인 뇌> - 각을 이음결줄

화	와
남편이 말 사러를 본시	남편의 짜증을 왜이는 목소리
→남편이 슈어 위험에 간다	→ 그가 속상하다는?

OOPS

이제 기본적인 개념을 익혔으면 문제에 적용해봅니다. 문제집을 풀면서 자신이 몰랐던 부분을 노트에 보충해줍니다. 이때 추가로 필기하면서 자신이 몰랐던 부분이 노트에 어디 부분에 해당하는지 알아야 적을 수 있기 때문에 계속 찾아다니면서 자연스럽게 어느 페이지에 어떤 내용이 있는지 외워집니다.

시험 1주 전에는 작년 시험문제를 풀어본 뒤 선생님께서 중요하게 생각하시는 출제 포인트를 파악합니다. 그리고 완성된 나만의 사전 노트를 시험 포인트에 주목하면서 반복해 정독합니다. 노트 안에 담은 개념과 내가 몰랐던 내용을 암기하는 과정입니다. 예상되는 서술형 문제를 직접 만들고 답변도 꼼꼼히 암기해줍니다.

노트를 정독할 때 같은 내용을 계속 보면 집중력이 흐려질 수 있습니다. 이때 활용하면 좋은 방법이 뽀모도로 공부법입니다. 25분 동안 무언가에 집중하고 5분 동안 쉬는 것을 4번 반복하고, 그 뒤에 30분간 쉬도록 시간을 배분한다는 방법입니다. 저는 학습용 타이머 스톱워치를 사용하거나 BFT라는 어플을 활용했습니다.

또한 같은 내용을 계속 보면 내가 이 내용을 이미 완벽히 안다고 착각할 수 있습니다. 이해는 했어도 암기가 안 되었을 수 있기 때문에 화이트를 활용해 암기하는 것도 좋은 방법입니다.

학습 노트

Date

II. 고려 귀족 사회의 형성과 변천
2. 경제 정책과 경제 활동

학습 단원 〈경제〉
① 토지 제도와 수취 체제의 정비 ~ ③ 여러 나라와의 교류   교과서 78~83쪽

학습 내용

■ 토지 제도와 수취 체제의 정비

　☆1. 토지제도 - ＿＿＿

　　① 전시과 : ＿＿＿ 또는 ＿＿＿ 담당자 (ex. ＿＿＿, ＿＿＿ 등) 에게 ＿＿＿와 ＿＿＿를 주고
　　　　 곡전의녹봉　　전세
　　　　＿＿＿을 행사할 수 있게 한 제도

　　② 전시과 제도의 붕괴 원인 : ＿＿＿에 의해 ＿＿되는 토지 ＿＿＿, 국가 토지 ＿＿＿
　　　자제가 과거를 봄에 따라　　（＿＿＿ 이후 붕괴됨）

　☆ 전시과의 종류 : ＿＿＿ : 관리에게 지급한 토지 (18과)
　무반인전 -
　외역전 -　　 ├ ＿＿＿ : ＿＿＿ 이상 관리에게 지급한 토지 세습가능
　군인전 -
　공해전 -　　 └ ＿＿＿ : 하급관리와 군인의 유가족에게 지급한 토지

　3. 민전 : ＿＿＿이 보장되는 토지로 국가가 ＿＿＿을 행사할 수 있는 토지

　☆ 4. 수취 체제의 정비 : ＿＿＿ (토지대장), ＿＿＿ 작성 → 호부에서 작성
　　 ├ ＿＿＿ : 토지의 ＿＿＿에 따라 ＿＿＿ 등급으로 구분, 수확량의 ＿＿＿ 징수
　　 ├ ＿＿＿ : ＿＿＿(戶) 단위로 부과, ＿＿＿에게는 ＿＿＿보다 더 큰 부담이 됨.
　　 └ ＿＿＿ : ＿＿＿과 ＿＿＿ 세에서~ 세 의
　　　　　권력우　노동력　　　　　　　　영인남자

■ 산업의 발달

　1. 농업 : ＿＿＿으로 ＿＿＿ 감소, ＿＿＿의 돌려짓기 보급, 일부 지방에 ＿＿＿ 보급
　　　＿＿＿ 재배 시작 (고려 ＿＿＿에서 전래) 원 ── 고려

　무진 2. 수공업 : ＿＿＿, ＿＿＿에서 제품 생산
　발전X 3. 상공업 : ＿＿＿에 ＿＿＿과 ＿＿＿(＿＿＿ 기구) 설치, ＿＿＿ 시행
　　　 └ ＿＿＿의 상업 활동 참여

　☆ 화폐 : 정부의 화폐 사용 ＿＿＿ ex. ＿＿＿ (최초의 화폐), ＿＿＿, ＿＿＿ 등
　　　성종때, 숙종 때(의천 건의)
　　　화폐는 유통되지 못하고 일반적인 거래에는 ＿＿＿이나 ＿＿＿ 사용

■ 여러 나라와의 교류 P.82 지도 보기 !

　1. 송과의 교류 ┌ ＿＿＿을 이용한 교역과 문화 교류 - ＿＿＿(무역항) 중심
　　　　　　 └ 수입품 (ex. ＿＿＿, ＿＿＿), 수출품 (ex. ＿＿＿, ＿＿＿)
　2. ＿＿＿ · ＿＿＿과 교역　곡식,농기구,문구 ⇄ 말 은 죽면직물, 화문석 등 수사
　3. ＿＿＿ 상인과의 교역
　4. ＿＿＿과의 교류　＿＿＿를 통한 교역량의 ＿＿＿ 확대

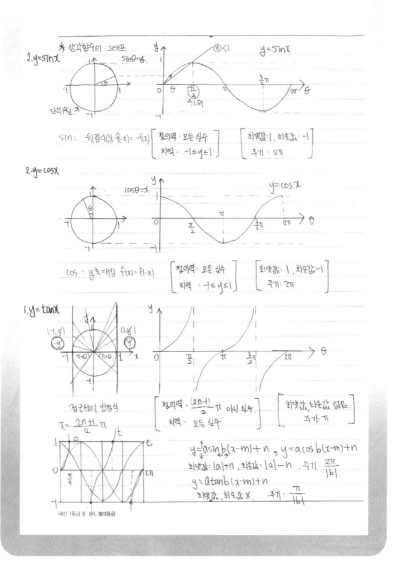

* 삼각함수의 그래프

1. $y = \sin x$

$\sin\theta = \gamma$.

$\textcircled{7} < 1$ $y = \sin x$

sin : 원점대칭 $f(-x) = -f(x)$ | 정의역 : 모든 실수 | 치역 : $-1 \le y \le 1$ | 최댓값 : 1, 최솟값 : -1 | 주기 : 2π |

단위원 π

측 1의역

2. $y = \cos x$

$\cos\theta = \gamma$ $y = \cos x$

cos : y축 대칭 $f(x) = f(-x)$ | 정의역 : 모든 실수 | 치역 : $-1 \le y \le 1$ | 최댓값 : 1, 최솟값 : -1 | 주기 : 2π |

3. $y = \tan x$

$(-1, y')$ $(1, y')$

$\pi + \theta$ $\pi + \theta$

$-y$ y'

점근선의 방정식

$x = \dfrac{2n+1}{2}\pi$

정의역 : $\dfrac{(2n-1)}{2}\pi$ 아닌 실수 | 치역 : 모든 실수 | 최댓값, 최솟값 없음 | 주기 : π |

$y = a\sin b(x-m) + n$, $y = a\cos b(x-m) + n$
최댓값 : $|a| + n$, 최솟값 : $|a| - n$, 주기 : $\dfrac{2\pi}{|b|}$

$y = a\tan b(x-m) + n$
최댓값, 최솟값 X. 주기 : $\dfrac{\pi}{|b|}$

내신 1등급 용 아서, 절대등급

※ 삼각방정식 & 삼각 부등식
  $\sin\theta = k$ $\sin\theta \le k$
                        $> \cdots$

※ 삼각함수의 활용
① 사인법칙 → 각과 대변의 길이 (두각&한변)

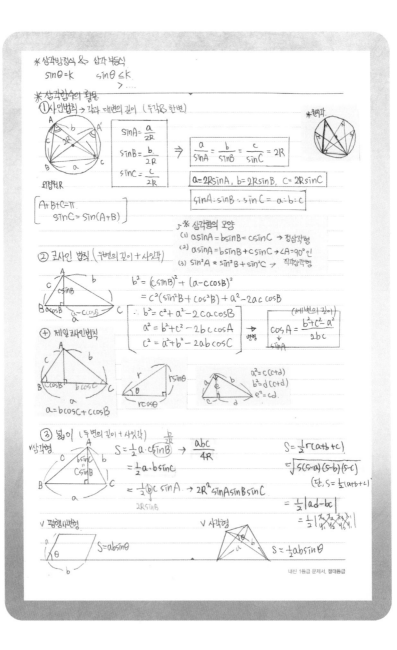

$\sin A = \dfrac{a}{2R}$

$\sin B = \dfrac{b}{2R}$

$\sin C = \dfrac{c}{2R}$

외접원 R

$\Rightarrow$ $\dfrac{a}{\sin A} = \dfrac{b}{\sin B} = \dfrac{c}{\sin C} = 2R$

$a = 2R\sin A,\; b = 2R\sin B,\; C = 2R\sin C$

$\sin A \cdot \sin B \cdot \sin C = a : b : c$

$\begin{bmatrix} A + B + C = \pi \\ \sin C = \sin(A+B) \end{bmatrix}$

※ 삼각형의 모양
(1) $a\sin A = b\sin B = c\sin C$ → 정삼각형
(2) $a\sin A = b\sin B + c\sin C$ → $\angle A = 90°$인
(3) $\sin^2 A = \sin^2 B + \sin^2 C$ → 직각삼각형

② 코사인 법칙 (두변의 길이 + 사잇각)

$b^2 = (c\sin B)^2 + (a - c\cos B)^2$
$= c^2(\sin^2 B + \cos^2 B) + a^2 - 2ac\cos B$

$\begin{bmatrix} b^2 = c^2 + a^2 - 2ca\cos B \\ a^2 = b^2 + c^2 - 2bc\cos A \\ c^2 = a^2 + b^2 - 2ab\cos C \end{bmatrix}$ $\underset{\text{변형}}{\rightarrow}$ (세변의 길이) $\cos A = \dfrac{b^2 + c^2 - a^2}{2bc}$

⊕ 제일 코사인법칙

$a = b\cos C + c\cos B$

$a^2 = c(c+d)$
$b^2 = d(c+d)$
$e^2 = cd$

③ 넓이 (두변의 길이 + 사잇각)

∨ 삼각형

$S = \dfrac{1}{2} a \cdot c\sin B \rightarrow \dfrac{abc}{4R}$

$= \dfrac{1}{2} a \cdot b\sin c$

$= \dfrac{1}{2} bc\sin A \rightarrow 2R^2 \sin A\sin B\sin C$
   $\underset{2R\sin B}{}$

$S = \dfrac{1}{2}r(a+b+c)$

$= \sqrt{s(s-a)(s-b)(s-c)}$
(단, $s = \dfrac{1}{2}(a+b+c)$)

$= \dfrac{1}{2}|ad - bc|$
$= \dfrac{1}{2}\left| \begin{smallmatrix} x_1 & x_2 & x_3 \\ y_1 & y_2 & y_3 \end{smallmatrix} \right|$

∨ 평행사변형

$S = ab\sin\theta$

∨ 사각형

$S = \dfrac{1}{2}ab\sin\theta$

내신 1등급 문제서, 절대등급

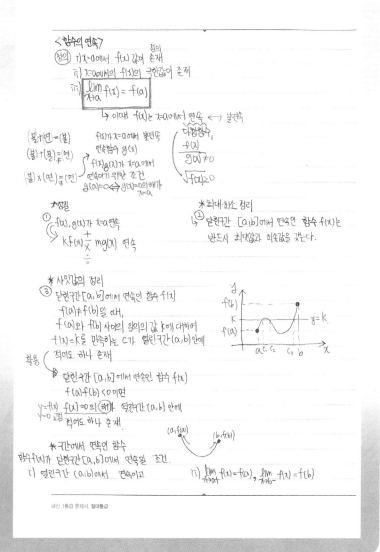

〈함수의 연속〉

(정의) ⅰ)x=a에서 f(x) 값이 존재 ←정의

ⅱ) x=a에서의 f(x)의 극한값이 존재

ⅲ) $\lim_{x \to a} f(x) = f(a)$

↳ 이때 f(x)는 x=a에서 연속 ⟷ 불연속

(불+연)=(불)
(불)+(불)≠(연)
(불) × (연)≠(연)

f(x)가 x=a에서 불연속
연속함수 g(x)
f(x)g(x)가 x=a에서
연속이기 위한 조건
g(a)=0 ⟷ g(x)=0 으로해가 x=a

다항함수,
$\dfrac{f(x)}{g(x)}$, $g(x) \neq 0$
$\sqrt{f(x)} \geq 0$

★성질

① ⌈ f(x), g(x)가 x=a연속
  ⌊ kf(x) $\overset{+}{\underset{\times}{\div}}$ mg(x) 연속

★최대·최소 정리
↳① 닫힌구간 [a,b]에서 연속인 함수 f(x)는 반드시 최댓값과 최솟값을 갖는다.

★사잇값의 정리
③ 닫힌구간 [a,b]에서 연속인 함수 f(x)
  f(a)≠f(b)일 때,
  f(a)와 f(b) 사이의 임의의 값 k에 대하여
  f(x)=k 를 만족하는 c가 열린구간 (a,b)안에
  적어도 하나 존재

활용 ⌈ 닫힌구간 [a,b]에서 연속인 함수 f(x)
   ⌊ f(a)f(b)<0 이면

y=f(x) f(x)=0의 (해) 열린구간 (a,b) 안에
y=0 교점 적어도 하나 존재.

★구간에서 연속인 함수
함수 f(x)가 닫힌구간 [a,b]에서 연속일 조건
ⅰ) 열린구간 (a,b)에서 연속이고
ⅱ) $\lim_{x \to a+} f(x) = f(a)$, $\lim_{x \to b-} f(x) = f(b)$

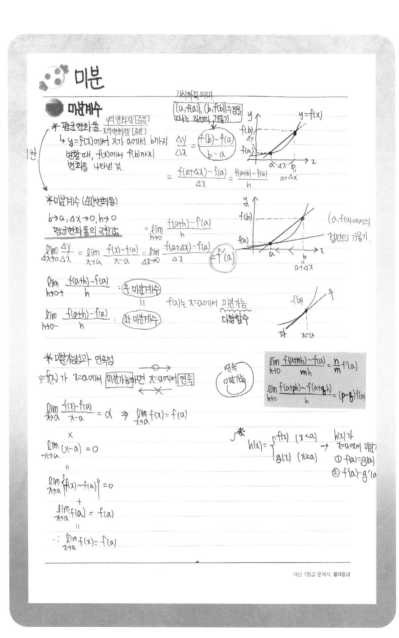

미분

미분계수

기하학적 의미

평균변화율 [의 변화량[증분]
[의 변화량[증분]

y=f(x)에서 x가 a에서 b까지 변할 때, f(x)에서 f(b)까지 변화를 나타낸 것.

구간

$$\frac{\Delta y}{\Delta x} = \frac{f(b)-f(a)}{b-a}$$

$(a,f(a)), (b,f(b))$ 두 점을 지나는 직선의 기울기

$$= \frac{f(a+\Delta x)-f(a)}{\Delta x} = \frac{f(a+h)-f(a)}{h}$$

미분계수 (순간변화율)

$b \to a, \Delta x \to 0, h \to 0$
평균변화율의 극한값

$$= \lim_{h \to 0} \frac{f(a+h)-f(a)}{h}$$

$$\lim_{\Delta x \to 0} \frac{\Delta y}{\Delta x} = \lim_{x \to a} \frac{f(x)-f(a)}{x-a} = \lim_{\Delta x \to 0} \frac{f(a+\Delta x)-f(a)}{\Delta x} = f'(a)$$

$(a, f(a))$에서의 접선의 기울기.

$$\lim_{h \to 0^+} \frac{f(a+h)-f(a)}{h} \quad : \text{우 미분계수}$$
$$\parallel$$
$$\lim_{h \to 0^-} \frac{f(a+h)-f(a)}{h} \quad : \text{좌 미분계수}$$

f(a)는 x=a에서 미분가능
다항함수

미분가능성과 연속성

y=f(x) 가 x=a에서 미분가능하면 x=a에서 연속

연속 미분가능

$$\lim_{h \to 0} \frac{f(a+nh)-f(a)}{mh} = \frac{n}{m} f'(a)$$

$$\lim_{h \to 0} \frac{f(a+ph)-f(a+qh)}{h} = (p-q) f'(a)$$

$$\lim_{x \to a} \frac{f(x)-f(a)}{x-a} = \alpha \Rightarrow \lim_{x \to a} f(x) = f(a)$$

$$\lim_{x \to a} (x-a) = 0$$
$$\parallel$$
$$\lim_{x \to a} \{f(x)-f(a)\} = 0$$
$$+$$
$$\lim_{x \to a} f(a) = f(a)$$
$$\parallel$$
$$\therefore \lim_{x \to a} f(x) = f(a)$$

$h(x) = \begin{cases} f(x) & (x<a) \\ g(x) & (x \geq a) \end{cases} \rightarrow$ h(x)가 x=a에서 미분

① f(a)=g(a)
② f'(a)=g'(a)

도함수

도함수 $f'(x)$, y', $\frac{dy}{dx}$, $\frac{d}{dx}f(x)$ $\longrightarrow$ 미분법 공식

$y=c$ (미분) $\longrightarrow$ $y'=0$

다항 $y=x^n$ (미분) $\longrightarrow$ $y'=nx^{n-1}$

$f'(x) = \lim_{h\to 0} \frac{f(x+h)-f(x)}{h}$

$= \lim_{t\to x} \frac{f(t)-f(x)}{t-x}$

$(cf(x))' = cf'(x)$

$(f(x)\pm g(x))' = f'(x)\pm g'(x)$

기분 $(xf(x))' = f(x) + xf'(x)$

✓ $(f(x)g(x))' = \underline{f'(x)g(x) + f(x)g'(x)}$

✓ $(\{f(x)\}^n)' = n\{f(x)\}^{n-1} \cdot f'(x)$

✓ $(f(g(x)))' = f'(g(x)) \cdot g'(x)$

$(fgh)' = f'gh + fg'h + fgh'$

$\lim_{t\to x} \frac{t^n - x^n}{t-x}$

$= \lim_{t\to x} \frac{(t-x)(t^{n-1}+x\cdot t^{n-2}+x^2 t^{n-3}+\cdots+x^{n-1})}{t-x}$

$= \underbrace{x^{n-1}+x^{n-1}+\cdots+x^{n-1}}_{n개}$

$= nx^{n-1}$

※ 곱의 미분법

$\lim_{t\to x} \frac{f(t)g(t)-f(x)g(x) \overset{-f(x)g(t)+f(x)g(t)}{}}{t-x}$

$= \lim_{t\to x} \left(\frac{f(t)-f(x)}{t-x}\cdot g(t) + f(x)\cdot \frac{g(t)-g(x)}{t-x} \right)$

$= f'(x)g(x) + f(x)g'(x)$

내신 1등급 문제서, 절대등급

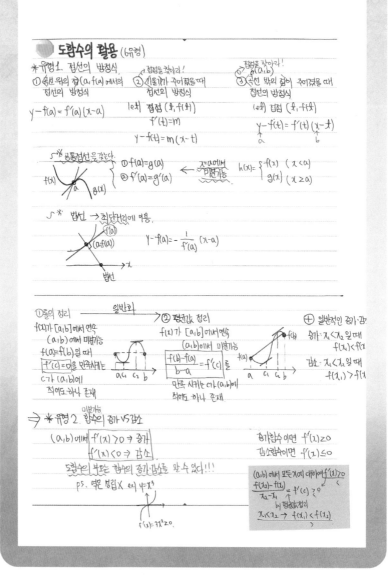

🔵 **도함수의 활용** (6유형)

＊유형1. 접선의 방정식

접점을 찾아라!

① 곡선 위의 점 $(a, f(a))$ 에서의 접선의 방정식

$$y - f(a) = f'(a)(x-a)$$

② 기울기가 주어졌을 때 접선의 방정식

1) 접점 $(t, f(t))$

$$f'(t) = m$$

$$y - f(t) = m(x-t)$$

접점을 찾아라!

③ 곡선 밖의 점이 주어졌을 때 접선의 방정식

1) 접점 $(t, f(t))$

$$y - f(t) = f'(t)(x-t)$$
    a   b

＊ 공통접선을 갖는다.

$f(x)$ ⟋ $g(x)$ a

① $f(a) = g(a)$
② $f'(a) = g'(a)$ ← $x=a$에서 미분가능

$$h(x) = \begin{cases} f(x) & (x<a) \\ g(x) & (x \geq a) \end{cases}$$

＊ 법선 → 최단거리에 응용.

$$y - f(a) = -\frac{1}{f'(a)}(x-a)$$

법선

---

① 롤의 정리   일반화 → ② 평균값 정리   ⊕ 일반적인 증가·감소

$f(x)$가 $[a,b]$에서 연속
(a,b)에서 미분가능
$f(a) = f(b)$일 때

$\boxed{f'(c) = 0}$을 만족시키는
c가 (a,b)에
적어도 하나 존재

$f(x)$가 $[a,b]$에서 연속
(a,b)에서 미분가능

$$\boxed{\frac{f(b)-f(a)}{b-a} = f'(c)}$$ 를

만족 시키는 c가 (a,b)에
적어도 하나 존재

증가 : $x_1 < x_2$일 때
$f(x_1) < f(x_2)$

감소 : $x_1 < x_2$일 때
$f(x_1) > f(x_2)$

→ ＊유형2. 함수의 증가 vs 감소   미분가능

(a,b)에서 $\boxed{f'(x) > 0 \Rightarrow 증가}$
          $\boxed{f'(x) < 0 \Rightarrow 감소}$

증가함수 이면 $f'(x) \geq 0$
감소함수이면 $f'(x) \leq 0$

도함수의 부호는 함수의 증가·감소로 알 수 없다!!!
ps. 역은 성립 X 예 $y = x^3$

$f'(x) = 7x^2 \geq 0$.

(a,b)에서 모든 x에 대하여 $f'(x) \geq 0$
$\frac{f(x_2)-f(x_1)}{x_2-x_1} = f'(c) \geq 0$
by 평균값정리
$x_1 < x_2 \Rightarrow f(x_1) < f(x_2)$

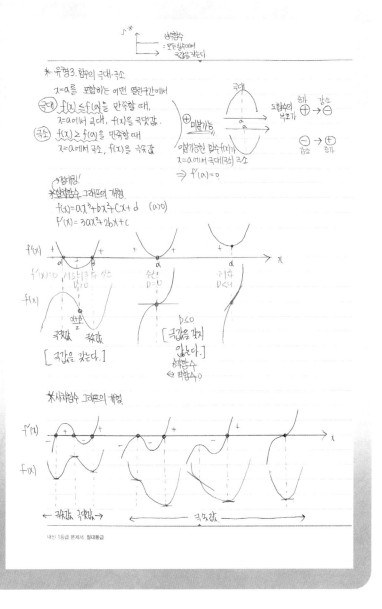

$f \cdot x$ 상수함수
: 모든 실수에서 극값을 갖는다.

✳ ·유형3. 함수의 극대·극소

$x=a$ 를 포함하는 어떤 열린구간에서

(극대) $f(x) \leq f(a)$ 를 만족할 때,
$x=a$ 에서 극대, $f(x)$ 을 극댓값.

(극소) $f(x) \geq f(a)$ 을 만족할 때,
$x=a$ 에서 극소, $f(x)$ 을 극솟값

극대

⊕ 미분가능

미분가능한 함수 $f(x)$가
$x=a$ 에서 극대(극소) 극소
⇒ $f'(a)=0$

도함수의 부호가 ⊕→⊖ (증가→감소)

⊖→⊕ (감소→증가)

→ 암기팅!

✳ 삼차함수 그래프의 개형.

$f(x)=ax^3+bx^2+cx+d$ ($a>0$)
$f'(x)=3ax^2+2bx+c$

$f'(x)=0$ 서로 다른 두 실근
$D>0$

순근
$D=0$

허근
$D<0$

$D<0$

극댓값   극솟값

[극값을 갖는다.]

[극값을 갖지 않는다.]
허함수
← 미함수 $D<0$

✳ 사차함수 그래프의 개형.

극댓값 극댓값   극솟값

내신 1등급 문제서, 청대통급

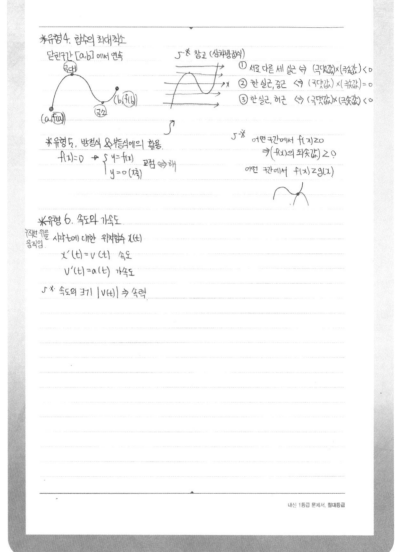

✳유형4. 람수의 최대최소
닫힌구간 [a,b] 에서 연속

⌠-✗ 참고 (삼차방정식)
① 서로 다른 세 실근 ⇔ (극댓값)×(극솟값)<0
② 한 실근, 중근 ⇔ (극댓값)×(극솟값)=0
③ 한 실근, 허근 ⇔ (극댓값)×(극솟값)<0

✳유형5. 방정식 & 부등식에의 활용.
$f(x)=0$ ⟹ $\begin{cases} y=f(x) \\ y=0 \,(x축) \end{cases}$ 교점 ⇔해

⌠-✗ 어떤 구간에서 $f(x) \geq 0$
⇒($f(x)$의 최솟값)≥ 0
어떤 구간에서 $f(x) \geq g(x)$

✳유형 6. 속도와 가속도.
직선 위를 움직임.
시각 t에 대한 위치함수 $x(t)$
$x'(t)=v(t)$ 속도
$v'(t)=a(t)$ 가속도

⌠✗ 속도의 크기 $|v(t)|$ ⇒ 속력

내신 1등급 문제서, 절대등급

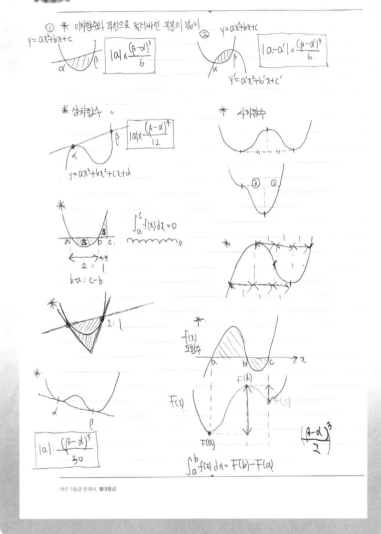

① ※ 이차함수와 직선으로 둘러싸인 부분의 넓이

$y = ax^2 + bx + c$

$|a| \times \dfrac{(\beta-\alpha)^3}{6}$

② $y = ax^2 + bx + c$

$|a - a'| \times \dfrac{(\beta-\alpha)^3}{6}$

$y' = a'x^2 + b'x + c'$

※ 삼차함수 "

$|a| \times \dfrac{(\beta-\alpha)^4}{12}$

$y = ax^3 + bx^2 + cx + d$

※ 사차함수

$\displaystyle\int_a^c f(x)\,dx = 0$

$2 : 1$

$b-a : c-b$

$2 : 1$

$f(x)$ 도함수

$F(b)$

$F(a)$

$F(c)$

$\dfrac{(\beta-\alpha)^3}{2}$

$\displaystyle\int_a^b f(x)\,dx = F(b) - F(\alpha)$

$|a| \cdot \dfrac{(\beta-\alpha)^5}{30}$

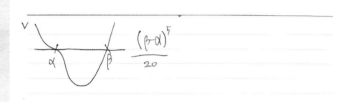

$$\frac{(\beta-\alpha)^5}{20}$$

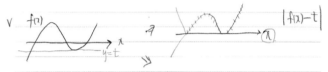

$|f(x)-t|$

$$|f(x)-t|+t$$

$\lor$ $f(a-x)+f(b+x)=c$

$f(x)$를 $\left(\frac{a+b}{2}, \frac{c}{2}\right)$ 대칭

$\lor$ 최대, 최소 (열린구간) ⊅ 극값

$\lor$ 원

지름 ◢ 90°C 이용

+ 원의 중심과 연결

01   저만의 사전 노트 만들기 공식을 활용해 앞으로 어떤 것이든 효율적으로 배울 수 있게 되었습니다. 인강 교재, 학교 교과서, 수업 필기 등 여러 곳에서 개념을 접하고 문제집을 많이 풀면 내가 새롭게 습득한 내용이 여기저기 흩어져 있어 자신이 원하는 부분만 다시 보고 싶을 때 어디에 있었는지 떠올리다가 까먹어서 그냥 지나쳤던 경험이 많을 겁니다. 이 방법은 자신이 공부했던 내용을 그때그때 한곳에 담기 때문에 빼먹어서 놓치는 일이 줄어듭니다.

02   운동할 때 '마지막 하나만 더!'라는 생각으로 하면 더 이상 할 수 없을 것 같은 양의 운동도 해냈던 경험 있지 않나요? 마찬가지로 공부를 할 때 사전 노트 만들기를 활용하면 의욕을 잃지 않을 수 있습니다. '이거 하나만 보면 된다!'는 생각으로 가볍게 들고 다니면서 공부하기 때문에 봐야 할 책이 여러 권 난잡하게 쌓여 있을 때보다 훨씬 즐거운 자세로 임할 수 있습니다.

03 그리고 내성적이고 소극적인 학생이었던 제가 노트 한 권을 들면 적극적인 학생으로 변할 수 있었습니다. 실제로 노트 덕분에 활동 참여를 두려워했던 제가 저만의 특장점으로 생활기록부를 채우는 데에도 큰 도움을 주었습니다.

흔히 요즘은 세부능력 및 특기사항에 보고서만 잘 써가면 학교 수업 시간에는 수업을 안 들어도 된다고 생각하는 친구들이 많은 것 같습니다. 하지만 평소 자신이 수업 시간에 어떤 모습인지도 매우 중요합니다.

수업시간에 딴짓하거나 개인 공부를 하지 않고 무조건 수업을 들었습니다. 내가 다 아는 내용이라고 해도 내신 시험에 나올 수 있고 복습한다는 생각으로 항상 겸손한 태도를 유지했습니다. 맨 앞자리에 앉아서 선생님의 눈을 응시하며 열심히 리액션을 하는 학생이었습니다. 체육 시간에도 안되는 동작을 계속 연습하면서 성실하게 수업에 임했습니다. 이런 다른 친구들과 다른 적극적인 태도를 선생님께서 주목하시고 생활기록부에 기록해 주셨습니다.

화학: 교사와 활발한 상호작용을 하며 수업에 임하는 모습이 인상적인 학생으로 화학에 대한 학습 의욕 및 성취도가 우수함. ……

체육: 수업 시간에 성실히 참여하여 타인의 모범이 되기 위해 앞장섰으며, 안 되는 동작은 될 때까지 연습하여 목표를 달성해내는 의지를

보여줌. 교사의 작은 지적도 쉽게 넘기지 않고 최대한 수용하여 자신에게 도움이 될 수 있도록 함. …… 어려운 과제 상황에서도 포기하거나 낙심하지 않고 자신의 부족한 부분을 특유의 성실함과 끈기로 상황을 극복하고 해결하는 모습을 보였기에 앞으로의 귀추가 주목됨.

또한 평소 나의 궁금한 내용이 생기면 바로 형광펜으로 표시한 뒤, 선생님께 바로 질문했습니다. 자필로 정성스럽게 적혀 있고, 너무 많이 봐서 닳고 닳은 노트를 들고 매시간 가서인지, 실제로 생활기록부에 선생님께서 노트를 만들어 공부한 내용을 기록해 주셨습니다.

영어: 수업 시간 중 열의와 집중도가 매우 높으며 수업 시간에 배운 내용을 토대로 복습할 때에는 자신만의 영어 노트를 만들어 각각의 키워드를 적고 연결해 중심 내용과 핵심 내용을 파악하고자 노력하는 모습이 인상적임.

특히 요즘은 모든 학생이 세부능력 및 특기사항이 생활기록부에 적히는 만큼, 나만의 특장점을 담는 것이 중요합니다. 보고서를 제출해서 적히는 내용 이외에, 평소 생활 태도 부분에서 이런 방식으로 적극성을 드러낼 수 있습니다. 저는 학원에 다니지 않고 스스로 공부했기 때문에 학교 선생님과 더 적극적으로 소통할 수 있었습니다.

°내성적이고 소심했던 서윤이

저는 교육열이 높은 부모님 가정에서 자란 평범한 학생입니다. 우리 나라 부모님은 대부분 교육열이 높기 때문에 저와 비슷한 학창 시절을 보내고 있는 여학생이 많을 것 같습니다. 공부를 어떻게 할지 모르고 공부를 못해서 슬픈 학생도 있지만 공부를 왜 해야 하는지 몰라서 슬픈 여학생도 많을 것 같습니다. 제 학창 시절은 공부만 했던 특별한 일은 없었던 시간이지만 그만큼 어려움을 겪는 대한민국 평범한 여학생들에게 많은 도움이 되었으면 좋겠습니다.

모범생

초등학생 때부터 저는 공부를 잘하는 모범생이었습니다. 순종적이고 착한 학생의 표본이었습니다. 선생님과 부모님의 말씀을 잘 들었고 누가 시키지 않아도 스스로 공부했습니다. 저는 선도부를 무려 6년 동안 했을 정도로 교칙을 잘 지키는 학생이었습니다. 성실하고 아무 문제가 없어 보이는 저에게도 어려움이 있었습니다. 이렇게 수동적으로 공부했던 제가 저만의 목표를 가지게 된 뒤 어려움을 극복하고 어떻게 공부를 대하는 방식이 변화했는지 여러분께 소개하고자 합니다.

공붓벌레

초등학생 때는 학교가 끝나면 놀이터가 아닌 영어학원으로 향했습니다. 영어학원에서 저녁에 집에 돌아오면 학원, 학교 숙제를 하고 다음 날 다시 학교에 갔습니다. 사람들이 나를 공부를 잘해서 좋아한다고 생각했습니다. 그래서 공부를 안 하면 버림받을 것 같았습니다. 그래서 더욱 공부를 열심히 했습니다.

초등학교에서 중학교에 들어가면서 공부에 더욱 몰두했습니다. 배드민턴, 발레, 피아노 등 취미 활동을 그만두고 수학, 영어 학원에 다니면서 열심히 공부했습니다. 중학생이 되어서 몹시 긴장했던 저는 매일 복습과 예습을 성실하게 했습니다. 그 결과 중학교 1학년 때 첫 시험에서 전교 2등을 할 수 있었습니다. 하지만 그때까지도 내가 왜 공부를 하고 있는지 알지 못했습니다. 공부는 저에게 그저 당연히 해야 하는 것이었기 때문에 왜 하는지 생각하지도 않았습니다.

저에게 공부는 달콤한 것이었습니다. 앞서서 열심히 공부만 하면 성적이 평균 이상은 나오고 사람들의 칭찬과 인정을 받을 수 있었습니다. 반에서 똑똑한 학생으로 인기도 꽤 있어 반장을 여러 번 했습니다. 성격이 내성적이고 무척 소심해서 공부라도 잘하지 않으면 친구들이 나를 싫어할까 봐 몹시 두려웠습니다. 그러나 공부를 통한 사람들의 인정을 받았지만 점점 성장할수록 행복하지 않았습니다. 제 공부의 목적은 사람들의 인정이었기 때문입니다.

진로 고민 첫걸음

중학교 3학년 때 고등학교를 선택하면서 처음으로 나의 진로를 고민했습니다. 주변 사람들의 권유로 영어학원에서 자사고를 준비하게 되었습니다. 공부를 잘하고 성적이 좋았기 때문에 다들 제가 자사고에 가야 한다고 말했습니다. 그런데 저는 꿈이 없었고 자사고를 왜 가야 하는지 알 수 없었습니다. 자사고 준비 첫날, 선생님과 면담했을 때, 장래희망을 물으시면서 압박 면접을 하는 분위기를 이기지 못하고 엉엉 울었습니다. 내가 장래희망도 없는 바보라는 사실이 너무 속상했습니다. 평생 칭찬만 들으면서 지냈기 때문에 내가 못난 사람이라는 것을 받아들이기가 매우 힘들었습니다. 겨우 자소서를 완성했지만 준비 과정 내내 스트레스를 심하게 받아 지원을 포기했습니다. 그해 겨울 방학에 처음으로 내가 어떤 '직업'을 갖고 싶은지 고민했습니다. 그렇지만 단순히 장래희망만 고민했었습니다.

일단은 하기 JUST DO IT

저는 자사고가 아닌 일반계 고등학교에 진학하게 되었습니다. 여전히 공부의 목적이 대학인 상태였습니다. 겨울방학에는 그저 성실히 열심히 영어와 수학 공부를 했고, 어떤 진로가 좋을지 고민했지만 뾰족히 떠오르는 것이 없었습니다.

그런데 고등학교는 하고 싶은 일이 없다는 것이 저 자신을 더욱 괴롭게 했습니다. 성적이 가장 중요했던 중학교와 달리 학생부종합전형을 위해 '생활기록부'를 치열하게 관리해야 했습니다. 제 어릴 때 별명이 트리플 A형이라고 불릴 만큼 소심하고 도전하기를 너무 두려워하는 수동적인 성격을 가지고 있었기에 생활기록부라는 과제는 저에게 지옥같이 느껴졌습니다.

그렇지만 저는 고등학교 1학년 때 결코 가만히 있지 않았습니다. 주저할 때마다 마음속에 'JUST DO IT'을 떠올리면서 눈에 보이는 모든 활동에 참여했습니다. 많은 고민 없이 동아리 면접장이 보이는 데로 들어가서 면접을 보았습니다. 큰 용기를 내서 1학기에 반장 선거, 부반장 선거에 모두 나갔지만 낙선되었음에도 불구하고, 2학기에 다시 연설문을 준비해 출마하여 반장에 당선되었습니다. 온갖 대회에 참여해 20개가 가까이 상을 받았고 소심했지만 국어 토론 시간에 누구보다 최선을 다해 준비해서 우수 토론자로 선정되었습니다.

하고 싶고, 잘하는 것이 없었기 때문에 더 많이 실패하고 열정을 불태워서 참여했습니다. 오히려 나의 한계를 정의하지 않았더니 다양한 활동에 참여해볼 수 있는 좋은 기회가 되었습니다. 다시는 그해로 돌아가고 싶지 않을 정도로 초인적인 힘을 발휘했던 것 같습니다.

수시생의 이과에서 문과로 과감한 도전

고등학교 2학년이 될 무렵에는 코로나19로 대면 수업이 중단되었습니다. 그 덕분에 혼자 있는 시간이 늘어나게 되면서 스스로를 돌아볼 수 있는 좋은 기회가 되었다. 지금까지 내 모습을 떠올리면서 어떤 것을 할 때 내 모습이 가장 마음에 드는지 생각해보았습니다. 또한 제가 좋아하는 것, 하고 싶은 것, 중요하게 생각하는 가치를 적어보았습니다.

저는 다른 친구의 장점을 세밀하게 찾을 수 있다는 것을 알게 되었는데요. 조용히 친구들을 관찰하는 것을 좋아했기 때문에 친구 자신도 모르는 잠재력을 발굴할 수 있습니다. 누구든지 자신만의 장점이 있다는 마음가짐이 있었습니다. 그래서 상담 활동과 컨설팅을 할 수 있고 교육 학문을 연구할 수 있는 교육공학과에 진학하고 싶다는 목표를 가지게 되었습니다. 내가 원하는 가치를 전달하고 싶다는 목표가 생기게 되었고 그 수단으로 사범 대학에 진학하겠다고 다짐했던 겁니다. 당시 수시를 준비하는 이과였지만 목표를 위해 문과로 과감히 전향했습니다.

이전까지 했던 공부는 스스로 하는 공부이긴 했지만 진정한 자기주도적인 공부와는 달랐습니다. 목표가 생긴 그때부터 내면의 동기에서 나오는 의욕으로 진정한 자기주도적인 공부를 할 수 있었습니다. 진정한 자기주도적인 공부를 하니 학원에 가지 않아도 높은 성적을 받을 수 있었습니다. 학교를 최대한 활용했는데요. 수업이 끝나면 학교 자습실에서 공부하고 매일 아침 도시락을 싸서 저녁으로 먹었습니다. 학원 대신 부족한 과목은 학교 방과 후를 통해 보충했습니다. 방과 후 수업은 시험 문제를 출제하시는 선생님께서 강의하시기 때문에 내신 공부에 큰 도움을 주었습니다. 제가 너무 못하고 싫어했던 국어 과목 성적을 자기주도 학습만으로 4등급에서 1등급으로 올릴 수도 있었습니다.

가짜 목표가 아닌 진심으로 꿈꾸는 목표였기 때문에 내신만 아니라 입시 준비를 수월하게 할 수 있었습니다. 목표하는 학과와 이유가 명확했기 때문에 지원 학교와 학과를 금방 정할 수 있었습니다. 또한 자기소개서를 일주일 내로 완성할 수 있었습니다. 덕분에 수능이 가까워졌지만 다른 친구보다 시간적 여유가 있어 최저를 위한 정시공부를 집중할 수 있었습니다. 그리고 마침내 제가 가장 원하는 학교의 원하는 학과에 진학하게 되었습니다.

°마지막 공부 조언

'나만의' 목표를 가지고 '자기주도적'으로 공부하라!

내가 공부하는 이유는?

공부를 자신이 왜 하는지 그 이유를 찾아보길 바랍니다. 내가 공부를 왜 하는지, 대학에 왜 가고 싶은지 생각해보세요. 대학 진학처럼 단기적인 목표보다 대학에 가서, 대학을 통해 무엇을 하고 싶은 것인지 구체적으로 생각해보세요. 대부분 사회의 요구에 따라 막연히 좋은 대학에 가기 위해 공부합니다. 그렇지만 목표가 없는 상태로 왠지

대학에 가지 않으면 안 될 것 같아 무리해서 공부하면 갑자기 상실감이 찾아올 수 있습니다. 해야 할 것 같은 일을 계속하니 어느 순간 에너지가 나지 않아 아무것도 할 수 없는 상태가 될 수 있습니다. 특히나 요즘은 물질적으로 풍부해지고 공부가 생존 수단이 아닌 자아실현을 위한 수단으로 작용하기 때문에 나만의 동기로 의욕을 채우는 것이 더욱 중요합니다.

하지만 아무리 생각해도 하고 싶은 일이 없을 수 있습니다. 그렇다고 해서 그걸 핑계 삼아 아무것도 하지 않으면 안됩니다. 공부를 대신할 만큼 자신이 열정을 투자할 것을 찾지 못했다면 일단 후회 없이 공부하세요. 가만히 있으면 하고 싶은 일이 생기지 않습니다. 또한 미래를 위한 보험이 될 수도 있습니다. 제가 고등학교 1학년 때 하고 싶은 일이 없다고 아무것도 하지 않았다면 뒤늦게 목표가 생겼다고 해도 대학 진학을 하지 못했을 겁니다. 게다가 후회할 일 없이 열심히 공부한 경험은 앞으로 평생 살아가는 데 좋은 영향을 줄 것입니다.

Don´t forget

★
★
★
★
★
★
★
★

★ 나에게 적용해보고 싶은 것들 기록하기

3

대학 4학년
취업준비생에서
다시
새내기가 된
은지

윤은지

° 꿈을 포기하지 않은 은지

타 학교 학부를 졸업하고 다시 대학에 진학한 저는 꿈이 있다면 너무 조급하게 굴지 않고 인생을 조금 돌아가는 것도 나쁘지 않다고 생각합니다. 다만 공부할 때 일단 시작하는 것이 중요합니다. 지나치게 고민하고 미루다 보면 공부를 시작하지 못할 가능성이 크기 때문입니다. 그리고 목표에 따라 적절한 공부법을 선택하는 것이 중요합니다. 공부법은 각자의 상황, 목표에 따라 다르기 때문에 효과적인 공부를 위해서는 자신에게 맞는 방법을 찾아내는 것이 필요합니다.

또한 꿈을 가지고 끝까지 포기하지 않는 것이 중요합니다. 성공하는 사람들은 실패를 겪었던 경험이 많습니다. 실패는 성공으로 가는 여정 중 필요한 요소이기 때문입니다. 하지만 결과가 계속해서 나오지 않는다면 상황을 객관적으로 파악하고 내 노력이 진심인지를 다시 한번 돌아보는 것이 필요합니다. 1회부터 9회까지 내내 이기고 있다가도, 아웃카운트 하나만 잡으면 되는 순간에 경기를 질 수 있는 야구처럼, 인생도 언제든 뒤집힐 수 있기에 꿈을 가지고 끝까지 포기하지 않는 것이 중요합니다.

왜 나는 다시 대학에 갔는가

인간은 각 시기에 맞춰 수행해야 할 인생과업이 있습니다. 10대 때는 입시를 향해, 20대 때는 취업을 향해, 30대 때는 자아실현 및 안정적인 가정을 꾸리는 것이 보편적인 삶의 여정입니다. 어렸을 때만 하더라도 30대가 되면 영화 속에 등장하는 멋진 커리어우먼이 되어 있을 줄 알았는데, 현실은 초라하기 그지없었습니다. 또래 친구 중에는 이미 결혼해 알콩달콩한 가정을 이룬 사람도 있고, 직장에서 인정받으며 승승장구하는 이야기도 심심치 않게 들려왔습니다. 부동산, 재테크, 노후 대비, 결혼, 아이 교육 등 각자가 자신의 위치에서 사회가 기대하는 모습대로 살아가는 친구들을 보자면 한없이 작아졌습니다. 별 볼 일 없는 학점에 별 볼 일 없는 스펙을 가지고 있는 제 현실을 냉혹히 평가해보면 오늘보다 더 나은 내일을 살 수 있을 것 같지 않았습니다. 그래서 저는 다시 대학에 갔습니다.

'문송(문과라서 죄송합니다)'한 세상에 살고 있는 인문 사회계열 전공생이 냉혹한 취업 시장에 던져졌을 때 느끼는 자괴감은 상당합니다. 문과 취업이 어렵다는 이야기를 귀에 못이 박히도록 들어오긴 했지만 그래도 제 자리 하나 없을까 상황을 낙관했던 것도 사실입니다. 하지만 OECD 국가 중 세계 최고의 대학 진학률을 자랑하는 우리나라 여건상 취업 시장은 언제나 '과잉학력현상'에 시달리고 있습니다. 애당초 문과생이 갈 수 있는 양질의 일자리가 드문 현실 속 자신의 진로를 명확히 하지 못한 채 오랜 시간 방황한 청년에게 이 사회는 가혹합니다. 방황 끝에 결실이라도 보았다면 모를까, 뚜렷한 결과 없이 나이만 먹고 현실로 강제소환 된 경우 앞날은 더욱 막막합니다. 사실 저만 특별히 겪은 이야기는 아닐 것입니다. 꽤 많은 우리나라 청년이 자신의 미래에 의문을 가지며 갈팡질팡하고 있습니다. 대학만 가면 장밋빛 인생이 펼쳐진다는 새빨간 거짓말은 수험생들에게는 매력적일지언정 현실과는 괴리감이 큽니다.

문·이과를 막론하고 취준생 시기가 되면 내가 이 세상에 먼지만도 못한 존재라는 생각이 매일 같이 들 것입니다. 내가 뭘 잘하는지, 뭘 할 수 있는지 모르는 상태에서 자소서를 쓰고 두꺼운 문제집을 풀며 면접 준비를 합니다. "이렇게 사는 게 맞을까?" 정답 없는 물음을 반복할 때쯤 누군가는 합격의 기쁨을 안고 어두운 터널을 빠져나가지만, 또 다른 누군가는 언제 끝날지 모르는 암흑을 홀로 걷습니다. 대학과 학과, 둘 다 만족하지 못했던 저는 학부 재학 중 다른 사람들보다 방황의 시간이 길었고, 객관적으로 경쟁력 없는 스펙을 가지고 취업 전선에 뛰어들었습니다. 어쩌면 제가 취업이라는 레이스를 끝까지 완주하지 못해 하는 패배자의 변명일 수도 있습니다. 하지만 요즘 세상에 취업, 정말 만만치 않습니다. 그렇다고 100세 인생, 적당히 눈을 낮춰 대충 살고 싶진 않았습니다. 누군가에게는 철없는 몽상가의 말처럼 들릴 수 있지만 저는 항상 이 세상의 빛과 소금 같은 존재가 되고 싶었습니다. 과거에 제가 썼던 글들을 살펴보면 이 세상이 필요로 하는 사람이 되고자 하는 바람이 짙게 드러나 있습니다. 저로 말미암아 누군가에게 선한 영향력을 끼치고 싶었고, 이 꿈은 지금도 저를 살아가게 하는 원동력입니다.

지금의 고통과 절망이 영원할 것 같지만 그렇지 않아요. 어디엔가 끝은 있습니다. 우리는 지금 당장 마침표가 찍히기를 원하지만 야속하게도 그게 언제쯤인지는 알 수 없어요. 다만 분명한 것은 언젠가 끝이 날 거라는 겁니다. 모든 것은 지나갑니다. 그러니 오늘의 절망을, 지금 당장 주저앉거나 도망치고 싶은 마음을, 끝 모를 분노를 내일로 잠시 미뤄두는 겁니다. 그러다보면 어느 순간에 나를 괴롭혔던 그 순간이, 그 일들이 지나가고 있음을, 지나가버렸음을 알게 될 겁니다. (p274)

공부계의 끝판왕이지만 '공부의 신'이 되길 거부하는 저자는 공부를 잘하기보다는 왜 공부를 해야 하는지 성찰해볼길 권한다. 공부를 통해 자신의 성공과 출세만을 이루는 게 아닌 세상을 이롭게 하는 사람이 되길 바라는 심정이 절절히 담겨있다. 어떻게 보면 참 진부하고 뻔한 책이다. 지금껏 돈 되는 책을 쓰지 못했다며 예상치 못한 책의 인기에 어리둥절해 하는 저자의 겸손이 괜히 나온 게 아니다. 하지만 오랜 기간 사람들에게 사랑받는 책은 다 이유가 있다. 말뿐인 공허한 외침이 아니라 사람들이 많이 부딪히고 넘어지는 인생의 과제를 그 누구보다도 치열하게 고민하고 답을 찾고자 한 흔적이 책 곳곳에 묻어 있다. 아직은 지치고 포기하고 싶은 순간이 더 많은 인생이지만 언젠가는 이 어둠도 끝이 있으리라 믿으며 오늘도 열심히 살아갈 힘을 얻는다. 세상에 필요한 빛과 소금 같은 사람이 되겠습니다.

Dum vita est, spes est
둠 비다 에스트, 스페스 에스트.
삶이 있는 한, 희망은 있다. (p282)

2019.03.31 일기 〈라틴어수업 서평〉 中 (2020.10.25)

지금 생각하면 참 웃긴 말입니다. 제 앞가림조차 하지 못하면서 이 세상에 꼭 필요한 사람이 되고 싶다니. 세상의 빛과 소금은커녕 세상이 구제해줘야 할 사람이었는데 말이죠. 무엇이든 겁 없이 도전했던 20대 초반에는 제가 마음먹은 모든 것을 할 수 있으리라 생각했습니다. 하지만 실패가 쌓이면서 점점 저 스스로에 대한 확신이 없어졌습니다. 나는 정말 이 세상에 의미 있는 사람이 될 수 있을까? 평범하기 그지없는 내가 스스로를 과대평가한 건 아닐까? 어느 순간부턴 가부정적인 감정이 저를 좀 먹었습니다. 무엇이든 해낼 수 없는 사람이 된 것 같았습니다. 한때는 별 볼 일 없는 저 자신을 받아들이고 세상이 바라는 규격에 저를 꿰맞추고자 애쓰기도 했습니다.

특별한 계기가 있었던 것은 아닙니다. 문득 이렇게 살고 싶지 않았습니다. 아무런 꿈도, 희망도 없이 그저 세월 흐르는 대로 제 몸을 맡긴 채 산다면 평생 후회할 것 같았습니다. 물론 쉬운 선택은 아니었습니다. 앞서 말했든 이미 안정적으로 자리 잡은 주변 또래들의 성공 이야기가 빈번히 들려왔고, 저 역시 하루빨리 제 몫을 해내는 사회인이 되고 싶었습니다. 하지만 특출나게 뛰어난 지식과 능력이 없는 제가 이전에 바랐던 것처럼 세상의 빛과 소금이 되는 길은 요원해 보였습니다. 이때 제가 찾은 답은 '메디컬 입시'였습니다. 나이에 구애받지 않고 입학만 한다면 자아실현과 사회적 성공이 보장되는 가장 확실한 길로 보였습니다. 하지만 머리가 팽팽 돌아가는 어린 친구들도 우수수 떨어지는 과열된 입시 경쟁에 제 자리는 없었습니다.

늦깎이 새내기, 지금이 공부하기 딱 좋은 시기!

저는 22학번 새내기로 이화여자대학교 사범대학 교육공학과에 입학했습니다. 처음 원서를 쓸 때만 해도 이 과가 뭘 하는지 몰랐습니다. 정시 원서 마감 한 시간 전에 교육공학이라는 과가 이 세상에 존재한다는 것을 알았으니, 입시라는 인생의 대소사를 두고 너무 큰 도박을 한 것 같기도 합니다. 결과적으로 지금까지는 성공적인 배팅이었으니 인생의 큰 선택을 내릴 때 가끔은 운에 맡기는 것도 나쁘지 않은 것 같습니다.

교육공학은 최신 테크놀로지를 활용해 효과적, 효율적, 매력적인 교수학습법을 고안하는 과로, 디지털 대전환 시대 급변하는 교육 환경에 빠르게 대응할 수 있는 미래 교육을 대비하고 있습니다. 쉽게 말해 요즘 뜨는 메타버스, VR, AR 등을 활용한 교육 프로그램을 설계하고 미래 역량을 갖춘 인재를 어떻게 양성할지를 고민한다고 생각하시면 됩니다. 실용성이 강한 학문이다 보니 어떻게 보면 참 잡다하게 느껴질 때도 있는데요. 덕분에 과거 이것저것 도전해 보았던 제 경험이 빛날 수 있습니다. 교육공학은 그동안 잘할 수 있는 게 무엇인지, 도대체 뭘 해야 먹고 살 수 있을지 막막해하던 제게 '전공 적합성'이란 무엇인지 알려주었습니다. 어떻게 보면 소 뒷걸음질 치다 쥐를 잡은 격이지만 모로 가도 서울만 가면 되는 거니 밤낮없이 회의의 연속인 것을 제외하면 현재 생활에 꽤 만족하며 지내고 있습니다. 좀 더 이른 나이에 교육공학과에 진학했다면 좋았을 텐데 하는 아쉬움이 남지 않는 건 아닙니다. 하지만 제가 더 어린 나이에 교육공학과에 입학했다면 지금처럼 진지하게 전공을 대하고 미래를 설계할 수 있었을지 확신이 서지 않습니다. 그동안 숱한 실패를 경험했기에 '효과적인 학습 방법'에 더 큰 관심을 가지지 않나 싶습니다.

저는 어린 나이에 빛나지 못했기에 미디어 속 대기만성형 캐릭터를 좋아했고, 별 볼 일 없어 보이는 지금 이 순간의 나라도 언젠가는 만개할 것이라는 희망적인 메시지를 담은 문학 작품을 즐겨 읽었습니다. 제가 제일 좋아하는 윤동주 시인은 항상 자신보다 앞서 나가는 고종사촌 송몽규 열사를 보며 '대기는 만성이다'라는 말을 되뇌었다고 합니다. 공부가 하기 싫을 때마다 '죽는 날까지 하늘을 우러러 한 점 부끄럼 없이 살겠다'며 윤동주 시인의 시를 필사했던 제게는 사뭇 놀라운 과거였습니다. 이토록 아름다운 언어로 시를 쓸 수 있는 시인에게도 좌절의 순간과 열등감이 있었다니, 잘 상상이 가지 않습니다. 제게 있어 천재는 실패라는 단어와 거리가 먼, 날 때부터 항상 당당한 존재처럼 여겨졌기 때문입니다.

제가 어렸을 때 애니메이션 '고스트 바둑왕'이 인기였습니다. 그 당시에는 바둑에 별로 흥미가 없어 애청했던 것 같진 않은데 성인이 되어 우연히 다시 보니 사뭇 다르게 다가왔습니다. 작품의 주인공 신도우 히카루와 그 라이벌 토우야 아키라보다 번번이 프로 시험에 떨어지는 일본 기원의 N수생 이스미 신이치로에게 계속 눈길이 갔습니다. 자신보다 어린 후배에게 밀리고, 그들이 승승장구하는 모습을 보면서 자신의 재능과 실력을 의심하지만, 끝끝내 포기하지 않고 프로 입단에 도전하는 모습이 인상 깊었습니다. 중국에서 하드 트레이닝을 받고 화려하게 복귀한 그에게 사람의 성장 페이스는 각기 다르다며, 인생 좀 멀리 돌아가도 나쁘지 않다는 기원 관계자의 말이 당시 제게 큰 위로가 되었습니다. 대부분의 사람은 작품 속 주인공처럼 대단한 서사나 천재성을 가지고 있지 않습니다. 히카루처럼 귀인을 만나 바둑 문외한이 국가 대표까지 되는 경우는 만화 속 주인공에게나 벌어질 법한 이야기입니다. 그런데 만화 속 주인공이 아니면 뭐 어떤가요. 우리 모두 각자 인생의 주인공인걸요. 내가 바라는 꿈을 포기하지 않는다면 인생 조금 돌아갈지라도 언젠가는 꼭 이룰 수 있다고 생각합니다.

지금 이 책을 읽고 계신 여러분은 정말 어립니다. 만약 N수생이라면 나이 때문에 위축되어 있을 수도 있습니다. 하지만 생각보다 인생은 길고 10대, 20대 때의 몇 년은 전체 인생을 놓고 봤을 때 짧은 찰나에 불과합니다. 저는 저에게 있어 지금 이 순간이 공부하기 딱 좋은 시기라고 생각합니다. 이전에 쌓아 둔 연륜이 없었더라면 교육을 공부할 때 미처 알아차리지 못했을 것들을 더 넓은 시야로 바라볼 수 있기 때문입니다. 그렇기에 지금 당장 내가 남들보다 조금 늦은 것 같다고 조급해하지 않았으면 합니다. 우리 모두 다른 사람의 페이스가 아닌 내 인생의 주인공으로 당당하게 살길 바랍니다.

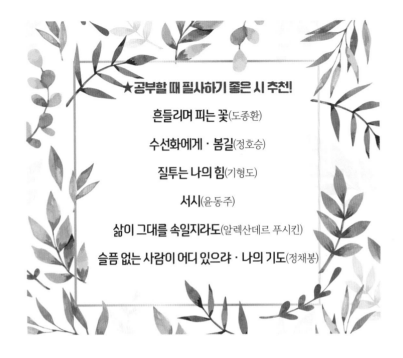

★공부할 때 필사하기 좋은 시 추천!

흔들리며 피는 꽃(도종환)

수선화에게 · 봄길(정호승)

질투는 나의 힘(기형도)

서시(윤동주)

삶이 그대를 속일지라도(알렉산데르 푸시킨)

슬픔 없는 사람이 어디 있으랴 · 나의 기도(정채봉)

인생 2회차를 살다!

이미 학사 학위가 있는 제가 대학에 다시 입학한 건 인생 2회차를 사는 것과 같습니다. 여러분은 2번째 인생이 존재한다면 어떻게 사시겠습니까? 한번만 내게 더 기회가 주어진다면 이전처럼 어리석게 살지 않을 텐데! 저는 종종 과거로 돌아가면 좋겠다고 생각했습니다. 이전에 내렸던 수많은 선택 속 다른 길을 택했더라면 제 인생이 지금과는 다르지 않았을까 하는 순간이 여럿 있습니다. 특히 취준생 시절에는 내세울 것 없는 저의 이력을 싹 지우고 인생을 다시 시작하고 싶었습니다. 하지만 과거로 회귀하는 것 역시 소설 속에나 일어날 법한 이야기입니다. 아무리 과거를 후회한다고 해서 달라지는 건 없습니다.

하지만 인간은 지금 이 순간을 바꿀 힘이 있습니다. 지금부터 달라지고자 마음먹는다면 얼마든지 인생 2회차를 사는 사람처럼 내 삶을 바꿀 수 있습니다.

"For what is' worth: is' never too late or, in my case, too early to be whoever you want to be. There' no time limit, stop whenever you want. You can change or stay the same, there are no rules to this thing. We can make the best or the worst of it. I hope you make the best of it. And I hope you see things that startle you. I hope you feel things you never felt before. I hope you meet people with a different point of view. I hope you live a life youre proud of. If you find that youre not, I hope you have the strength to start all over again."

"내 생각에 인간이 바라는 사람이 되는 데 있어 너무 늦거나 이른 시기는 없어. 꿈을 이루는 데 있어 시간제한은 없지. 지금처럼 살아도 되고, 새로운 삶을 시작해도 좋아. 인생에 정해진 규칙 같은 건 없어. 이 선택이 최선일 수도 있고 최악일 수도 있어. 하지만 나는 네가 최선의 결과를 만들길 바라. 난 네가 널 놀라게 하는 것을 보고, 네가 한번도 느껴본 적이 없는 것들을 느끼며, 너와 다른 관점을 가진 사람들을 만났으면 좋겠어. 그리고 네가 자랑스러워하는 삶을 살길 바라. 만약 그렇지 않다면 모든 것을 다시 시작할 수 있는 용기를 가졌으면 좋겠어."

이 대사는 스콧 피츠제럴드의 단편 소설 『벤자민 버튼의 기이한 사건』을 원작으로 한 영화 〈벤자민 버튼의 시간은 거꾸로 간다〉에 등장합니다. 노인의 외모를 지니고 태어나 점점 어려지는 벤자민과 평범한 삶을 사는 데이지가 만나 사랑에 빠지고 마침내 그 결실인 딸 캐롤라인을 낳았으나 남들과 다르게 점점 젊어지는 자신이 짐이 될까 떠나는 벤자민이 딸에게 남긴 편지인데요. 피츠제럴드의 원작 소설에 해당 문장이 없기에 영화의 각본가 에릭 로스가 임의로 쓴 것인지, 아니면 피츠제럴드가 딸 스카티에게 남긴 편지 중 하나인지 정확히 알 수는 없습니다. 하지만 어디선가 이 문장을 읽었을 때 눈물이 핑 돌았습니다. 특히 마지막 문장은 제게 해주는 말처럼 느껴졌습니다.

"네가 자랑스러워하는 삶을 살길 바라. 만약 그렇지 않다면 모든 것을 다시 시작할 수 있는 용기를 가졌으면 좋겠어."

저는 지금껏 제 삶을 자랑스럽기는커녕 부끄럽게 생각했습니다. 어디 내놓기에 너무 태만하게 산 것 같아 숨기고 싶었습니다. 핑계 없는 무덤 없다고 제 나름의 이유가 있었지만, 이조차도 떳떳하지 못했던 것 같습니다. 누군가에게는 찬란하기 그지없는 20대의 젊음이 제게는 나태의 상징이었습니다. 스스로 자랑스러워하는 삶을 살고 싶었지만 그렇지 못했기에 항상 주눅 들어 있었고, 그저 앞날이 막막하게만 느껴졌습니다. 앞으로 살아갈 날들에 대한 인생이 전혀 기대되지 않았습니다. 하지만 이 문장을 봤을 때 제 눈에 가장 먼저 띄었던 것은 '용기'입니다. 이미 지나간 과거를 후회하는 무의미한 짓을 하기보다는 다시 시작할 수 있는 용기를 가지는 것이 제게 필요하다고 생각했습니다.

　인간은 지금까지 자신이 살아온 궤도를 벗어나는 것에 대해 큰 두려움이 있습니다. 그렇다 보니 현재의 삶이 썩 마음에 들지 않을지라도 새로운 도전을 하는 것에 쉽게 용기를 내지 못합니다. 그들을 비난하고자 하는 것이 아닙니다. 이미 경제적 활동을 시작했다면 무언가 새로 시작하는 게 현실적으로 쉽지 않다는 걸 너무도 잘 압니다. 하지만 전 크게 잃을 게 없는 상황이었습니다. 공무원 시험을 기웃거렸지만 면접을 준비하면서 제 길이 아님을 깨달았고, 공기업이나 대기업을 준비하기에는 스펙이 부족했습니다. 하지만 지금까지의 제 삶이 썩 자랑스럽지 않았기에 앞으로의 제 인생은 스스로 자랑스럽게 여기고 싶었습니다. 그렇게 입시에 다시 발을 들였고, 이제는 그 누구보다도 후회 없는 삶을 살기 위해 매 순간 최선을 다합니다. 인생을 새롭게 시작할 용기를 낸 만큼 무엇이든 바란다면 못 할 것이 없다는 굳건한 신뢰도 있습니다. 나 자신을 믿는 것, 인생 2회차를 도전한 사람이 얻을 수 있는 가장 큰 가치입니다.

위대한 윤은지

그래서 여러분이 보는 저는 위대한 사람인가요? 피츠제럴드의 소설 『위대한 개츠비』에서 보여주는 '위대한'의 정의는 우리가 보편적으로 생각하는 것과 사뭇 다릅니다. 한심하다는 단어를 사람의 형상으로 빚으면 태어난 게 바로 소설 속 주인공이 아닐까 싶을 만큼 그의 인생은 위대함과는 거리가 멉니다. 불법적인 사업에 손을 대 부를 축적하고, 눈에 보이는 것에만 큰 가치를 두며, 자신이 과거에 잃어버렸던 것에 집착해 이미 많은 것을 손에 쥐고도 앞으로 나아가지 못하는 답답한 모습을 보입니다. 심지어 장례식에 진심으로 슬퍼해 줄 사람조차 제대로 없으니 괜찮은 삶을 살았다고 평가하기에 영 꺼려집니다. 하지만 많은 독자가 그를 위대하고 인정합니다. 어리석어 보이지만 현실에 안주하지 않고 앞을 향해 달리는 낭만주의자. 사실 저는 아직 개츠비가 위대한지 잘 모르겠습니다. 저라면 다른 선택을 할 것 같은 순간이 책 속에서 너무 많았기 때문입니다. 하지만 지금 여러분이 삶이 불만족스럽다면 개츠비처럼 순수하게 위대해져 보는 건 어떨까요?

˚공부하기 전에 알아야 할 것

지금 이 책을 읽는 독자의 수준은 다양할 것입니다. 하지만 하나 짚고 넘어가고 싶은 게 있습니다. 우리는 정말 공부법을 몰라서 이 책을 읽을까요? 사실 공부는 정말 단순합니다. 예습과 복습을 철저히 하면 됩니다. 이토록 간단한 공부가 어려운 이유는 세상에 공부보다 재밌는 게 너무 많기 때문입니다. 우리를 유혹하는 수많은 것들을 뿌리치고 온전히 공부에 전념하는 건 말처럼 쉽지 않습니다. 내 의지력이 나약해서가 아닙니다. 원래 공부는 하기 싫은 것입니다. 아주 먼 옛날부터 공부하기 싫은 학생들의 원성이 자자했으니 이쯤 되면 공부가 잘못한 게 아닐까 싶습니다.

무엇이든 공부하다 보면 아는 것보다 모르는 게 더 많을 수밖에 없습니다. 이렇게까지 머리에 든 게 없다니, 외우다 외우다 자신에게 자괴감이 생기기도 합니다. 하지만 저는 수험생이라면 특히 공부하는 순간의 자신을 사랑했으면 좋겠습니다. 이 세상에서 나를 가장 사랑해 줄 존재는 나 자신이니까요.

저는 거창하게 공부하지 않았습니다. 새해 계획 세워봤자 지키지도 않아 시간 낭비라고 생각하는 사람입니다. 이 세상에 대단한 사람은 많습니다. 하지만 보통의 사람들은 대단한 사람들의 방법을 따라 해서는 안 됩니다. 흔히들 작심삼일이라고 말하는데, 작심삼일도 완벽하게 지키는 건 어렵습니다. 작심 하루도 하기 힘든 계획을 세우고 매일 같이 실천하고자 하면 실패 경험만 쌓이게 됩니다. 그러다 보면 진짜 공부를 시작하기도 전에 이미 지쳐 공부하고자 했던 의지는 있으나 결과를 내지 못하는 학생이 됩니다.

공부 준비 시기

본격적으로 수능을 준비한 것은 졸업을 한 학기 앞둔 여름방학 때부터였습니다. 당시 취업 준비를 병행하고 있었기 때문에 온전히 수능에만 집중하기는 어려운 환경이었습니다. NCS, 자소서 스터디, 학과 공부와 수능을 동시에 준비하는 건 녹록지 않았습니다. 이번에도 수능에 실패하면 다른 곳에 쓸 수 있는 에너지를 낭비하는 셈이었기 때문에 수능 접수까지 많은 고민이 있었습니다. 수능이란 게 참 어려운 게 조금만 더 하면 점수가 오를 것 같다는 생각이 듭니다. 하지만 점수가 드라마틱하게 오르는 건 쉽지 않고, 준비하다가 원하는 만큼 결과를 내지 못하면 그 어떤 이력도 되지 못합니다. 한창 취업 준비에 열중해야 할 시기에 남들과 다른 선택지, 그것도 수능이라는 레이스에 다시 동참하는 건 쉬운 선택이 아니었습니다. 하지만 앞서 말했듯 4학년이 되었기에 취업 준비 중이었지만, 이 선택이 제게 장밋빛 미래를 선사할 것 같진 않았습니다. 코로나19로 인해 경기 침체가 심화하였고, 그만큼 취업 시장은 꽁꽁 얼어붙어 있는 상태였습니다. 결국 수능 100일을 조금 더 남겨두고 수능 특강을 펼쳤던 것 같습니다. 그 와중에도 취업 스터디는 그만두지 못하고 꼬박꼬박했습니다. 수능을 코앞에 두고서야 취업에 대한 미련을 떨쳤던 것 같습니다.

저는 노베이스는 아니었습니다. 학부 4학년에 재학 중이었고, 1년에 50~150권 정도의 책을 꾸준히 읽었으며, 특별히 공부하지 않아도 TOEIC 900점 이상 득점했습니다. 또한 교양 과목으로 대학 수학, 철학, 법 과목 등을 수강했던 이력이 있습니다.

수능 응시 당시 목표는 3합4등급 최저를 맞추는 것이었기에 만점을 위한 공부를 하진 않았습니다. 최저를 맞추는 것을 목표로 선택과 집중을 했으며, 안정적으로 등급이 나오는 영어는 거의 공부하지 않았습니다. 탐구는 무조건 1등급을 받아야 했기에 오랜 시간을 투자했으며, 수학과 국어 두 과목 다 성적이 안정권이라는 생각이 들진 않았기에 마지막까지 다 놓지는 못했습니다.

인강은 최소한으로 듣고자 했으며, 전과목 EBS를 수강했습니다.

공부의 본질

INPUT과 OUTPUT을 구분하자!

과목별 공부법을 소개하기에 앞서 제가 생각하는 공부의 본질을 소개하고 싶습니다. 공부는 INPUT과 OUTPUT 과정을 구분해야 합니다. 내가 생각하기에 공부를 열심히 했는데 성적이 잘 나오지 않는다면 대개 OUTPUT 과정을 소홀히 한 경우가 많습니다. INPUT은 내 머릿속에 지식을 넣는 '입력' 과정이며, OUTPUT은 입력한 내용을 나만의 것으로 익히는 '출력' 과정입니다. INPUT을 열심히 하는 것도 대단하지만, 이 과정은 어디까지나 공부하기 위한 최소 조건을 갖춘 것뿐입니다. 아는 게 없으면 나만의 것으로 익힐 것도 없기 때문입니다. 보통 내가 무언가를 새롭게 알게 되면 그것만으로도 충분히 공부했다는 착각에 빠지기 쉽습니다. 그러므로 항상 OUTPUT 과정을 충실히 했는지를 확인해야 합니다. 저도 공부를 하면서 느끼지만, OUTPUT 과정은 상대적으로 재미도 없고 지루하다 보니 모른 척 넘어가고 싶은 유혹에 빠지기 쉽습니다.

°과목별 공부법

 국어

국어는 해도 해도 잘 오르지 않는 과목입니다. 저 역시 수능 전날까지 제가 공부를 하는 게 맞는지 의구심이 들었습니다. 국어를 잘하는 방법은 기본적인 독해력이 좋아야 합니다. 독해력이 좋아지려면 어렸을 때부터 양질의 글을 많이 접해야 합니다. 결국 독서가 기본이 되어야 합니다. 하지만 수험생 시기에 독해력을 기르겠다고 책을 읽는 건 적절하지 않습니다. 제가 PSAT에 도움이 될까 싶어 1년에 100권 읽기를 해봤는데 언어 논리나 수능 국어에 직접적인 영향을 끼친다는 생각은 들지 않았습니다.

독해력은 수능 국어를 잘하기 위한 INPUT 과정일 뿐입니다. 국어 시험의 본질은 긴 텍스트를 빠르게 읽고 이해해 문제를 잘 푸는 것입니다. 네, 여기 답이 나와 있습니다. 국어 시험을 잘 보기 위해서는 지문을 잘 읽고 문제를 잘 풀면 됩니다. 그런데 왜 이렇게 어려울까요? 심지어 모국어인데요. 국어를 잘하지 못하는 학생의 유형은 크게 두 가지로 나뉩니다.

1. 지문을 빠르게 읽고 이해하지 못하는 사람(시간을 무제한으로 주어도 답을 풀지 못하는 경우)

2. 문제를 잘 풀지 못하는 사람(시간을 무제한으로 줄 경우 답을 논리적으로

첫 번째 케이스에 속한 사람의 경우 현실적으로 국어 점수를 올리는 게 쉽지 않습니다. 읽기 훈련이 충분히 되어 있지 않기에 단기간에 올리기도 어렵습니다. 하지만 저는 불가능하다고 말하고 싶진 않습니다. 이 경우 많은 글을 접하는 게 선행되어야 합니다. 수능을 준비하는 수험생이라면 '수능' 기반의 지문을 읽어야 합니다. 수능은 1994년 첫 시행 이래 30년이나 지속되어 온 체제입니다. 평가원에서 출제한 6평, 9평, 고1, 고2용 지문까지 고려하면 읽을 수 있는 지문은 무궁무진합니다. 1번의 경우 단순히 수능 지문을 읽고 정확히 요약하는 훈련만 꾸준히 한다면 지금보다는 등급은 더 올라갈 가능성이 농후합니다. 여기서 전제 조건은 하루 이틀, 혹은 일주일하고 때려 치는 것이 아니라 매일, 꾸준히 하는 것입니다. 처음 몇 달은 아무리 해도 그다지 실력이 향상된다는 생각이 들지 않을 것입니다. 독해력이란 게 그렇게 쉽게 향상된다면 평생 열심히 글을 읽어 온 학생들은 바보가 되는 거겠죠. 일단 지문을 잘 읽는 습관을 들이길 바랍니다. 생각보다 매일 꾸준히 하는 게 쉽지 않을 겁니다.

지문 요약을 하라고 하면 어디서부터 해야 할지 난감합니다. 해설서에 쓰인 것처럼 깔끔한 문장으로 만드는 건 거의 불가능할 것입니다. 처음에는 가볍게 각 문단의 중심 내용이 무엇인지, 그리고 어떤 부분이 시험으로 출제될 것 같은지만 파악해도 충분합니다. 이미 많이 알려진 '그런데, 하지만, 따라서' 와 같은 '접속사' 위주의 읽기도 간과해서는 안 됩니다. 본인의 독해력이 부족하다고 생각되면 독서영역 대비 인강을 듣는 것도 추천합니다. 오히려 혼자 엉뚱하게 읽는 것보다 선생님의 논리를 따라 읽으며 글을 어떻게 읽는지 배우는 것도 이 구간에 해당하는 학생들에게는 필요한 과정입니다. 소위 양치기가 필요한 등급대이기도 합니다. 국어는 양치기를 하면 안 된다며 어설프게 문제를 분석하는 것보다 그냥 많이 읽고 푸는 게 더 도움이 되기도 합니다. 어려운 3점짜리는 과감하게 넘어가도 좋습니다.

국어를 아무리 공부해도 점수가 안 오른다고 생각하는 구간이 바로 두 번째에 속한 학생들입니다. 여기서 정체된 학생들은 양치기로 극복할 수 없습니다. 어느 정도 지문도 정확히 잘 읽는데 대개 너무 지문에만 초점을 맞춥니다. 수능 국어는 잘 읽는 것도 중요하지만 잘 푸는 것도 중요한 시험입니다. 결국 시험 문제 분석이 충분히 이뤄져야 하는 데 이 부분을 소홀히 여기는 경향이 있습니다. 항상 틀리는 문항도 어느 정도 정해져 있을 것입니다. 변별을 주기 위해 내는 3점짜리, 그리고 수험생들 틀리라고 대놓고 꼬아낸 문항. 이 부분을 극복해야 합니다. 결국 기출 문제 분석으로 돌아갑니다. 기출 문제에서 고난도 문항을 어떤 식으로 출제했는지, 내가 수능 출제 위원이라면 이 문제를 학생들이 왜 틀리라고 냈는지 출제자의 입장에서 생각해야 합니다. 저도 수능 전날까지도 국어가 자신이 없었다 보니 제 방법이 맞는다고 확실할 수는 없습니다. 하지만 어려운 문항을 따로 떼어

내어 타인에게 설명한다는 생각으로 해설지를 써보는 것을 추천합니다. 이 과정을 반복하다 보면 이전보다 더 짧은 시간 내에 문제를 푸는 힘이 생깁니다.

° 공부 Tip

EBSi 사이트에 가면 역대 수능 기출 문제를 오답률 순으로 시험지를 만들 수 있습니다. 학생들이 많이 틀리는 문제 유형이 무엇인지 확인하고, 왜 틀렸을지를 생각해보면 공부에 도움이 될 것입니다.

국어는 마음먹고 변별하고자 한다면 정말 어렵게 낼 수 있습니다. 또한 상대적으로 쉽다고 생각하는 문학에서도 충분히 난도를 높일 수 있습니다. 다시 말해 문학과 비문학의 공부법을 나누는 건 무의미하다고 봅니다. 결국 잘 읽고 잘 푸는 게 중요하니까요. 문학 오답 상위권에 해당하는 문제를 확인하면 학생들이 어려워하는 부분이 더 명확히 보입니다. 의외로 단어가 발목을 잡는 경우가 많습니다. 단어를 정확히 몰라 문장을 해석하지 못하는 경우가 많습니다. 소설보다는 시가 까다로우며, 고전시가 어휘는 아무리 강조해도 지나치지 않습니다.

수능 문학 파트 공부를 위해 필요한 건 우선 개념입니다. 개념이 명확하지 못하면 조금만 선지를 꼬아내도 함정에 빠지기 쉽습니다. 개념은 어느 정도 암기가 필요한 부분이니 자신이 모르는 개념을 인지하는 것부터 시작해야 합니다. 특히 시 개념어와 빈출 고전시가 어휘는 암기가 필수적입니다. 내가 틀린 부분이 있다면 왜 틀렸는지를 알아야 합니다. 개념이 부족해서, 시간이 부족해서, 혹은 지문·문제를 이해하지 못해서 등 그 이유는 다양합니다. 아, 실수로 틀렸네! 하고 넘어가는 순간 문학에서 조금만 문제를 꼬아내도 바로 틀리게 될 겁니다. 수능 문학은 기본적으로 빠르고, 정확하게 풀어서 독서 파트에서의 시간을 벌어야 합니다. 어떻게 하면 빠르고 정확하게 풀 것인지, 나의 약점을 단순히 실수로 치부하지 않아야 합니다. 수능 문학은 실수로 틀린 것 같지만 자세히 살펴보면 실수가 아니라 문제 난도가 낮아서 그동안 운 좋게 잘 맞힌 것에 더 가깝기 때문입니다.

저는 선택 과목으로 개념 이해와 암기, 문제 적용까지 필요한 '언어와 매체'보다는 잘 읽고 풀면 문제를 맞힐 수 있는 '화법과 작문'을 택했습니다. 선택 과목 첫 시행이었기 때문에 난도 높은 기출이 없어 시험장에서 당황하긴 했지만, 결국 국어의 본질은 같았습니다. 상위권 학생의 경우 표점 때문에 언매를 선택하는 경우가 많은데 문법의 경우 생각보다 많은 시간을 투자해야 하기에 자신이 잘할 수 있는 것을 택하는 것을 추천합니다.

1. 지문을 많이 접하자. 역대 기출문제 지문을 심심할 때마다 읽어보면 좋다.

2. 지문과 선지에 등장하는 어휘를 명확히 알자.

3. 수능 국어도 암기 영역이 있다. 외울 건 외우자!

4. 출제자의 관점에서 왜 이 문제를 냈는지 생각해보자. 학생들이 왜 이 문제를 못 푸는지, 어떤 함정에 빠질지 고민해보자.

5. 선택과 집중이 필요하다. 시험 당일 문제 난이도가 높다면 과감히 독서 한 지문은 버리자. 대신 나머지 문제는 모두 맞혀야 한다.

★추천 인강 : 윤혜정 수능 개념

★추천 교재 : 매3시리즈

영어

저는 여기서 '영어'를 잘하는 법을 말하지 않을 것입니다. 수능 '영어'를 잘할 수 있는 법을 논할 것입니다. 영어 시험을 잘 보기 위해 기반이 되어야 하는 건 단어입니다. 수능 영어가 안정적으로 1등급이 나오지 않는 학생이라면 일차적으로 단어 암기가 잘 되어 있지 않을 것입니다. 영어 어법, 문법 다 중요하나 절대평가 체제의 수능에서는 단어장 한 권을 통으로 암기하는 것이 더 중요합니다. 문제 난도를 높이기 위해서 단어의 여러 뜻을 알고 있는지 평가합니다. 그러므로 한 가지 뜻만 외우면 안 됩니다. 명사형, 동사형일 때 뜻이 달라지거나 접두사, 접미사가 붙었을 때 부정인지, 긍정인지 이런 사소한 것들도 충분히 익혀야 합니다. 단어를 잘 외우고 있다면 절대평가로 체제의 수능 영어에서 못해도 2~3등급 내 안착할 것입니다.

더 이상 EBS 연계가 되지 않기에 영어는 본질적인 실력 향상에 좀 더 중점을 두어야 합니다. 다만 EBS 연계가 되지 않는다고 하여 EBS를 풀지 않는 건 납득하기 어렵습니다.

고난도 문항의 빈칸 채우기, 글 순서, 문장 삽입과 같은 문제를 잘 풀기 위해서는 단순히 단어만 가지고는 되지 않습니다. 영어 고난도 문항은 보통 한국어로 바꿔도 헷갈리는 경우가 있습니다. 논리력이 부족한 경우입니다. 이런 경우라면 어떤 식으로 논리를 구성하는지 한국어로 생각해보는 것도 필요합니다. 개인적으로 국어 실력이 탄탄하면 영어는 훨씬 더 쉽게 올릴 수 있다고 봅니다. 다시 말해 독해력이 받쳐줘야 하는 것입니다.

° 수능 영어 Tip

1. 두말하면 입 아프다! 우선 단어장부터 외우자!

2. 영어 고난도를 정복하기 위해서는 논리력이 필수! 국어도 놓지 말자! 국어와 영어는 떼려야 뗄 수 없다!

° 단어 외우기 Tip

1. 내가 아는 단어와 모르는 단어를 구분한다.

2. 단어장에 나온 첫 번째 뜻만 외우지 말자.

3. 유의어, 반의어를 인지하며 외우자.

4. 여러 번 반복한다.

5. 중하위권 학생이라면 중학 영단어부터 외워보자.

6. 처음 읽을 때 첫 번째 뜻보다 더 많이 외우려고 너무 힘 빼지 말자. 한 번에 모든 걸 다 할 순 없다. 첫 번째 뜻이라고 명확히 알고 2회, 3회 반복해 읽으면서 점차 외우는 양을 늘려 나가자. 처음 읽을 때 모든 걸 완벽하게 외우려고 한다면 단어장은 앞부분만 너덜너덜할 것이다.

7. 너무 어렵고 자주 출제되지 않는 단어를 외우겠다고 고생하지 말자. 넘길 건 넘겨야 한다.

8. 숙어만 있는 단어장을 하나 구비해두는 것도 추천한다. 영어 실력이 확 늘 것이다.

anecdote	명 : 일화 형 : 일화의, 일화 같은	tyrannical	형 : 포악한, 폭군의, 독재의 명 : 독재, 압제, 포악 행위
flee	동 : 도망가다, 달아나다, 피하다	contemplation	명 : 사색, 명상 동 : 심사숙고하다, 묵상하다
swamp	명 : 늪지	refuge	명 : 피난처, 은신처, 쉼터
acid	명 : 산, 형용사 : 신맛의, 산성의	dig up dig out	발굴하다, 파내다 깊이 넣다
preoccupation	명 : 집착, 몰두, 선입관 동 : 빼앗게 하다, 사로잡 다 유 : obsession 집착, 강박 상태	dedicate oneself to~ dedicate one's life to dedicate one's time and effort to	~에 전념하다, ~에 몸 바치다 ~에 일생을 바치다 ~에 시간과 노력을 바치다

저는 이런 식으로 저만의 단어장을 만들었습니다. 지문을 읽다 모르거나 정확히 알아 두면 좋을 등장하면 따로 정리해두면 좋습니다.

수학

통합 수능 시대가 도래하며 수학은 이전과는 분명 다른 기조로 출제되고 있습니다. 이전에는 고난도 2문항을 위한 등급 싸움이었다면 이제는 어지간한 문제가 다 고난도처럼 느껴집니다. 소위 말하는 준킬러가 큰 비중을 차지합니다. 그렇기에 문과생의 경우 수학으로 최저를 맞추는 건 쉽지 않습니다. 그렇다고 아예 손 놓을 수 없는 애증의 과목이기도 합니다.

모든 수학 선생님이 수학은 개념이 중요하다고 합니다. 수학이 수포자를 양성하는 이유 중 하나는 어느 날 갑자기 시작한다고 쉽게 오르지 않는 과목이기 때문입니다. 저는 멘토링을 하면서 중학 수학 과목을 가르쳤는데 이 경험이 수능 대비에 큰 도움이 된 것 같습니다. 다시 말해 이전 과정을 잘 모른다면 문제 하나하나 풀 때마다 막힐 것입니다. '이제 와 중학 과정을 어떻게 다 하죠?'라는 막막한 기분이 들기도 할 것입니다. 등급이 낮은 중하위권 학생이라면 쉽게 오르지 않습니다. 중학 수학 범위를 다뤄주는 인강이나 중학 수학을 한 권으로 정리해주는 개념서를 빠르게 훑어보며 병행해야 합니다. 저는 EBS에서 진행하는 50일 수학을 추천합니다. 전 강의를 다 들을 필요는 없고 문제를 풀다 보면 내가 막히는 부분이 있습니다. 50일 수학에서 문제를 많이 다루지 않기 때문에 부족하다고 느껴지면 중학 과정의 '한장 수학'도 추천합니다. 개인적으로 경우의 수, 확률 부분 개념을 잡는 데 많은 도움을 받았습니다.

저는 고차식으로 이뤄진 인수분해를 잘 못했는데 수능 대비 강의에서는 가볍게 할 줄 아는 부분이라고 생각해 결괏값만 보여주는 경우가 많습니다. 그렇다면 자신의 약점에 해당하는 이전 단원으로 돌아가 단순 계산 문제를 많이 푸는 것도 중요합니다. 생각보다 단순 계산 문제가 모인 문제집을 찾기 쉽지 않습니다. 이때는 중학 수학 혹은 고등 수학 내려가야 합니다.

저는 보통 개념 노트를 잘 활용하지 않는데, 수학은 개념 노트의 중요성이 큰 과목입니다. 이해하지 못하더라도 구멍 난 개념이 있어서는 안 됩니다. 빈칸이 뚫어진 개념 노트를 매일 채워 보길 추천합니다. 저는 EBS 이하영 선생님의 수능 개념 강의를 들었는데 교재에서 제공해주는 개념 노트를 매일 채워보았습니다. 이때 기화펜을 사용하면 좋습니다. 이후 다 알고 있다고 생각되면 백지 복습을 진행했습니다.

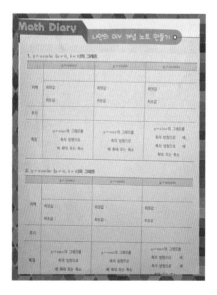

이후로는 고난도 문제를 많이 접하고, 어떻게 풀 수 있을지 다양한 방법으로 풀어 보길 추천합니다. 소위 양치기의 시간이 필요합니다. 어느 정도 궤도에 오르기 위해선 답지를 보는 것도 추천합니다. 하지만 단순히 답을 맞히는 행위에 초점을 맞추는 게 아니라 이 답을 도출하기 위한 과정을 익힌다고 생각해야 합니다.

수능장에 들어가기 전까지 맞고 틀리고는 중요하지 않습니다. 맞힌 문제라도 내가 정확히 알고 맞혔는지 점검이 필요합니다. 그렇다고 너무 쉬운 문제에 집착하진 않았으면 좋겠습니다. 수학은 부족한 개념과 문제를 풀 수 있는 사고력을 만들어가는 과정이 반복되어야 합니다. 저는 오답 노트를 따로 만들지 않았습니다. 노트 정리에 너무 정성을 들이기보다는 내가 다시 풀어야 할 문제를 표시해 여러 번 반복해서 풀었습니다.

수능 수학 1등급, 더 나아가 만점을 노린다면 현행 수능 체제상 제 방법과 맞지 않을 것입니다. 하지만 2~3등급 선에서 최저를 노린다며 고난도 문제집을 많이 접하기보다는 기출 위주로 기본을 탄탄하게 가는 게 더 중요한 것 같습니다. 준킬러 비중이 높아진 만큼 복합적인 개념을 자유자재로 떠올릴 수 있는 능력이 필요한 것 같습니다.

° 수학 Tip

개념은 빈칸 노트로, 문제 접근법은 양치기로.

개념이나 문제 풀이 이해가 안 가면 한 분의 선생님 인강만 듣지 말고 이해가 될 때까지 같은 단원을 강의하는 다른 선생님들의 강의까지 싹 찾아 듣자!

★추천 인강 : 이하영, 심주석 수능 개념
★추천 교재 : 수능대비 강의노트, 마더텅

 사회탐구

저는 생활과 윤리와 정치와 법을 선택했습니다. 생활과 윤리는 수험생이 선택하는 과목 1위로 절대적인 개념은 적지만, 시험지를 받으면 소위 난해한 문장으로 뒤통수가 얼얼해집니다. 이에 반해 정치와 법은 암기할 양은 많지만, 어느 정도 개념을 익히고 암기하면 안정적으로 점수가 나옵니다. 개인적으로 사회탐구 과목은 응시인원, 표점을 따지기보다는 자신이 좋아하는 과목을 해야 한다고 생각합니다. 어차피 1등급을 목표로 한다면 어떤 과목을 선택하더라도 투자해야 할 시간은 똑같기 때문입니다. 내가 좋아하고 흥미를 느끼는 과목은 팍팍한 수험생활에 한 줄기 빛처럼 느껴질 것입니다.

20문제가 출제되는 사회탐구 과목은 해마다 출제 기조가 조금씩 다르긴 하나 대체로 평이한 19문항과 1문항의 킬러로 구성되어 있습니다. 그렇기에 19문항을 빠르고 정확하게 풀고 킬러 문항 하나에 시간과 집중력을 쏟아부어야 안정적으로 등급을 확보할 수 있습니다. 우선 자신의 실력을 객관적으로 판단해 보길 바랍니다. 어쩌다 한번 받은 최고 등급은 자신의 실력이 아닙니다. 자신이 중하위권이라면 킬러 문항에 매달리기보다는 19문항을 무조건 맞힌다는 마음가짐으로 공부해야 합니다. 생활과 윤리를 제외한 모든 과목에서의 1등급 컷이 50점이었던 2022 수능에서는 뼈아플 수 있지만, 이는 어쩔 수 없는 변수라고 생각합니다. 그러므로 저는 19문제를 무조건 맞힌다는 생각으로 시험에 임하는 것이 전략적이라고 생각합니다. 킬러 문항도 해 봤자 3점입니다. 킬러 문항 맞추겠다고 어설프게 공부하는 것보단 나머지 문제를 안정적으로 풀고, 실수 없이 충분히 검토하는 것도 누군가에게는 더 효율적일 수 있습니다. 그렇다고 아예 공부를 놓으라는 뜻으로 오해하지 않았으면 좋겠습니다. 언제나 개념은 전 범위를 꼼꼼하게 봐야 합니다.

정치와 법

학부 때 교양으로 정치와 법 관련 과목을 들었기 때문에 개념 인강은 듣지 않고 바로 수능 특강으로 넘어갔습니다. 수능 특강을 기본서로 삼았으며, 인강을 듣지 않았기에 본격적인 공부 시작에 앞서 개념 전 범위를 빠르게 반복해서 읽었습니다. 당시 다회독 공부법에 심취해 있었기 때문에 다독하면 제 머릿속에 내용이 저절로 남아 있을 거라 기대했으나 지극히 평범한 제게는 일어나지 않을 일이었습니다. 다만 수능 특강 한 권을 빠르게 읽을 때 실질적으로 걸리는 시간은 2시간 안팎이기에 이 과정을 통해 어떤 내용을 배우는지 능동적으로 익힐 수 있었습니다.

더불어 다회독 공부법은 INPUT 이후 유의미한 OUTPUT을 머릿속에서 만들어내지 못하는 제게 무용하다는 걸 깨달은 시간이기도 합니다. 단순히 읽는 행위는 공부가 아닙니다. 처음 접하는 과목을 가볍게 살펴보거나, 집중력이 흐트러졌을 때 환기하는 마음으로 읽는 정도로 생각해야 합니다. 세상에 정말 많은 공부법이 있고, 개중 다회독 공부법은 많은 사람이 추천하는 공부법이나 여러 번 읽으면서 스스로 머릿속에서 정리할 수 있는 능력이 없다면 무언가를 했다는 뿌듯함만 남는 공부법이기도 합니다. 자신이 지극히 평범한 보통 사람이라고 생각된다면 눈과 머리가 아닌 손과 엉덩이의 힘을 믿어야 합니다.

저는 수능 특강을 3회독 한 이후 제대로 된 공부를 시작했습니다.

여름방학부터 본격적인 수능 공부를 시작하다 보니 시간이 여유롭지 않았습니다. 특히 최저를 탐구로 무조건 맞춰야 했기에 빈틈없이 공부하고자 했습니다. 수능 특강 정치와 법 교재는 총 16단원으로 구성되어 있기에 하루에 2단원씩 공부했습니다. 먼저 당일 공부하고자 하는 단원을 빠르게 한번 읽으면서 잘 모르겠거나 중요하다고 생각되는 단어에 노란 형광펜으로 밑줄을 쳤습니다. 그리고 책에 수록된 수능 기본문제와 수능 실전 문제를 풀면서 해당하는 단원에 어떤 문제가 출제되는지를 파악했습니다. 이때 답지를 옆에 끼고 공부했습니다. 잘 모르겠는 내용이 있으면 답지를 보면서 제가 모르는 내용이 무엇인지 바로바로 눈으로 익혔습니다. 이 과정을 통해 제가 아는 개념은 무엇인지, 모르는 개념은 무엇인지, 헷갈리는 개념은 무엇인지, 중요하다고 생각되는 개념은 무엇인지를 머릿속으로 정리했습니다. 이

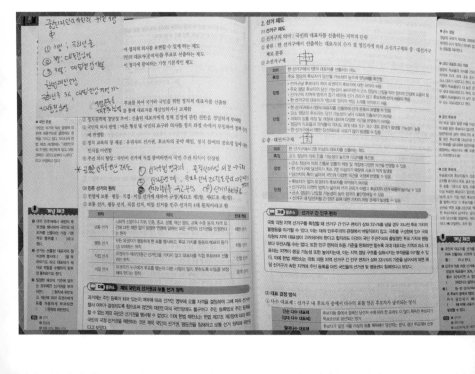

후 단원별로 제가 헷갈리는 개념만 따로 모아 노트를 정리하고 암기 했습니다.

3회독 하면서 중요하다고 여겨지는 부분에 노란색으로 밑줄을 긋고, 옆에 나와 있는 개념 체크 빈칸을 풀면서 넘어갔습니다. 추가로 알아야 하는 개념은 포스트잇으로 첨부했습니다.

수능 특강 문제 풀이 부분에서는 일단 선지에 모르는 개념이 등장하면 형광펜으로 밑줄을 그었습니다. 또한 잘 풀지 못하는 문제는 별표 표시를, 추가로 문제를 풀면서 알아야 하는 개념은 수능 특강에 바로바로 적었습니다.

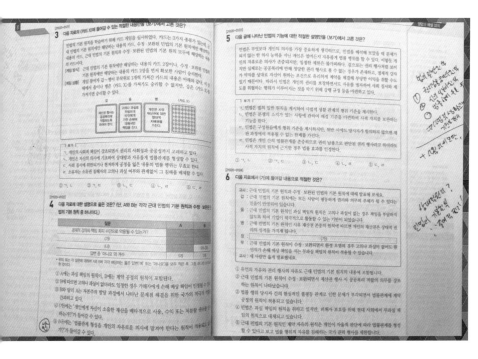

수능 완성에서도 비슷한 과정을 거쳤습니다. 수능 완성은 수록된 개념이 적으나 문제 풀이 과정에서 이전에 제가 미처 짚고 가지 못했던 내용들이 등장하면 수능 특강으로 단권화했습니다. 마지막은 기출문제로 정리했습니다. 처음에는 단원 별 기출문제를 풀었으며, 단원 별 기출문제를 모두 풀고 나서는 매일 연도별 기출문제를 풀었습니다. 또한 EBS 사이트에서 역대 기출 문제 중 오답률 높은 문제만 따로 정리해 왜 이 문제를 학생들이 틀렸을지를 고민했습니다. 왜 이 문제를 학생들이 현장에서 틀렸을 지 원인을 분석하는 시간이 꼭 필요하다고 생각합니다. 마지막으로 다른 파트는 몰라도 킬러로 출제되는 선거구는 개념과 문제 풀이 모두 인강으로 정리하길 추천합니다. 문제를 어떻게 해야 효율적으로 잘 풀 수 있는지를 배울 수 있습니다.

★추천 인강 : 최적(선거구, 매력적인 오답 관련 특강)

★추천 교재 : 수능 특강, 수능 완성, 마더텅

이전에 수능에 응시했을 때 항상 선택했으며, 교양 과목으로 들었던 내용도 겹쳤기 때문에 고난도로 출제되는 부분을 제외하고는 따로 개념 인강은 듣지 않았습니다. 저는 어느 정도 베이스가 있는 상태였지만 생활과 윤리를 처음 접하는 학생이라면 빠르게 인강을 들어보길 추천합니다. 개념이 많이 없는 것 같지만 왜 맞았는지, 틀렸는지가 정법처럼 딱딱 떨어지지 않아 오히려 정법보다 더 인강이 필요한 과목인 것 같습니다. 생윤 역시 정법처럼 수능 특강을 기본서로 삼았으며 빠르게 3회독 했습니다. 개념에 대한 전반적인 흐름을 익히고 싶다면 철학가의 단행본을 읽어보는 것도 추천합니다. 수험생들은 항상 이론을 너무 부분 부분 보다 보니 전체를 보기 힘듭니다. 생활과 윤리의 킬러인 생명윤리 부분에서 피터 싱어의 『동물해방』을 읽는다면 내가 뭘 읽었는지 머리가 멍할 겁니다. 고등학생에게 쉬운 내용의 텍스트는 아닙니다. 하지만 큰 그림을 보고 싶다면 한 번쯤 읽어보길 추천합니다. 선생님이 잘 정리해둔 내용을 수동적으로 읽고 익히는 것이 공부의 전부가 아닙니다. 공부하기 싫을 때 가볍게 읽어 보길 추천합니다. 다른 사람이 정리해 준 내용을 보는 것과 내가 원 정보를 그대로 보는 건 다릅니다. 또한 수능 연계 교재가 되는 과목의 기본은 수능 특강입니다. 인강 커리를 타는 것도 중요하지만 동시에 평가원이 연계라고 명시한 수능 특강을 스스로 공부했으면 좋겠습니다. 인강 의존도가 높다는 건 결국 스스로 문제를 풀 수 있는 힘이 부족하다는 뜻이기도 합니다.

생윤을 가장 잘 공부하는 방법은 선지를 모아 스스로 분석하는 것입니다. 기출문제를 풀 때 정답, 오답을 맞추는 것이 아니라 이게 왜 정답인지, 왜 오답인지, 매력적인 오답은 어떤 것인지 생각하며 정리해야 합니다. 저는 공부하기 싫을 때마다 수특, 수완, 마더텅에서 제공하는 기출 답지를 읽었습니다. 답지에 꽤 많은 개념들이 정리되어 있으니 정독까진 아니어도 꼼꼼하게 읽어보길 추천합니다.

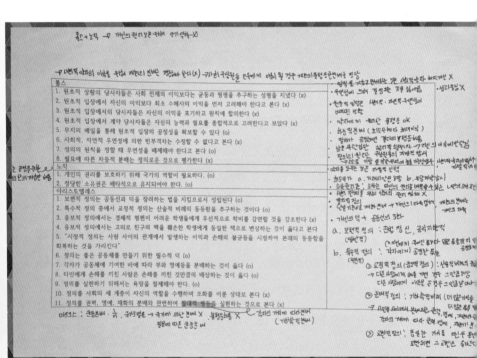

★추천 인강 : EBS 내 생활과 윤리 담당 모든 선생님들의 고난도 파트 개념 강좌 수강, OX 선지 기출 강좌

★추천 교재 : 수능 특강, 수능 완성, 마더텅

°은지의 공부법

공부란 무엇일까요?

빠르게 개념 인강 완강 → 수능 특강을 주 교재로 개념 정리 → 문제
풀이→ 문풀 이후 노트 정리

어떤 과정이 공부일까요? 누가 봐도 제일 하기 싫은 부분이겠죠. 문
제 풀이 이후 노트 정리. 이 과정을 잘해야 합니다. 노트 정리는 다시
보기 위한 용도도 있지만, 내가 꼭 알아야 하는 개념을 머릿속에서
다시 끄집어내는 과정이기도 합니다. 내가 시험장에 들어갔을 때 꼭
알아야 하는 내용을 선별해야 합니다. 내가 잘 알고 있다고 생각하는
부분은 과감하게 넘어갑니다. 이때 가장 중요한 건 나 자신을 속이지
않는 것입니다. 모르는 것과 알고 있는 것을 구분할 줄 아는 능력이
필요합니다. 모든 걸 한 번에 정리하려면 벅찹니다. 인간이 하루에 할
수 있는 건 분명 한계가 있습니다. 굳이 정리하지 않아도 되는 건 과
감하게 넘어갈 수 있는 용기가 필요합니다.

필기법

저는 필기를 잘하기 위한 공부는 하지 않았습니다. 한정된 시간에
필기에 에너지를 소비하는 것은 효과적이지 않다고 생각했습니다. 내
가 모르는 부분을 정확히 인지하고, 암기해야 할 내용을 정리하는 목

적이 필기의 이유라고 생각했습니다. 이면지에 마구잡이로 내가 알아야 할 내용을 빠르게 써보고, 생각해내지 못한 부분은 그 중요도에 따라 재구성했습니다. 처음부터 필기를 각 잡고 하면 모든 내용을 다 예쁘게 정리하고 싶은 욕망에 시달립니다. '필기'를 하는 데 몰두하지 않길 바랍니다. 왜 내가 이 내용을 필기해야 하는지를 고민해야 합니다.

커닝페이퍼 만들기

위에 내용만 보면 '대체 어떻게 필기를 하라는 거야?'라고 추상적이게 느껴질 수 있습니다. 필기는 내가 시험장에 들어갈 때 커닝페이퍼에 꼭 필요한 내용을 담는다고 생각하고 적으면 됩니다. 이 내용은 내가 시험장에서 헷갈릴 수 있으니 무조건 암기하고 있어야 할 내용들을 정리하는 겁니다. 이 종이 하나면 나는 시험장에서 무적이라는 생각으로 작성해야 합니다. 하지만 커닝페이퍼에 구구절절 길게 쓸 수 없겠죠. 중요한 건 내가 아는 것과 모르는 것, 내가 꼭 알아야 할 것을 구분해 내는 능력입니다.

내가 알아야 할 것을 구분하는 능력

이게 참 어렵습니다. 왜냐하면 사람마다 기본 베이스가 다르기 때문입니다. 저는 어렸을 때부터 역사 교양서를 많이 읽었습니다. 그러다 보니 현행 한국사는 공부를 하나도 하지 않아도 얼추 다 맞습니다.

1회독 만으로 처음 접하는 과목에서 알아야 할 것을 구분하는 눈이 보이진 않다고 봅니다. 그러므로 최대한 진도를 빨리 빼는 것을 추천합니다. 우선 전체 범위 진도를 나가면 이전에 몰랐던 부분이 이해되기도 합니다. 이해되지 않는다고 무조건 하루 종일 잡고 있지 않길 바랍니다. 여러분은 '학문'을 하는 것이 아닙니다. 시험을 위한 공부를 하는 것입니다.

루틴 만들기

공부하기에 앞서 제가 최소한 지킬 것을 스스로 약속해야 합니다. 사당오락처럼 누군가에게는 가능하나 대부분 사람은 실패할 법한 비현실적인 목표를 세우고 지키겠다고 공언하면 안 됩니다. 여러분이 아무리 독하게 공부하겠다고 마음을 먹었어도 지극히 평범한 일반 사람임을 잊어서는 안 됩니다. 개인의 의지력은 하루 이틀 공부해서 성과를 낼 수 있는 벼락치기에나 적용되는 것이지, 장기 레이스에는 적합하지 않습니다. 내가 10시간, 20시간의 전사가 되겠다는 목표보다는 우선 내가 매일 확보할 수 있는 최소한의 시간을 계산해 루틴을 만들어야 합니다. 당시 학교와 알바를 병행하며 수능 준비를 하는 입장에서 진입 때부터 매일 10시간씩 공부를 하겠다는 목표는 비현실적이었습니다. 물론 수능이 다가오면서는 하루에 10시간 넘게 공부했지만 그건 어느 정도 공부에 탄력이 붙은 이후였습니다. 내가 할 수 있는 최대의 시간을 잡고 목표를 세우다 보면 실제 계획과 자신의 진도에 괴리감이 생깁니다. 그러다 보면 당연히 공부에 흥미를 잃게 됩니다. 매일 자책하는 삶을 살아야 하니까요. 저는 방학 때, 학기 중에 제가 공부할 수 있는 최소 시간을 계산했습니다. 요일마다 일정이 다 달랐기 때문에 조금 더 여유가 있는 날 더 오랜 시간을 공부하고자 했습니다. 하루 최대 공부 시간에 제한을 두지는 않았지만, 최소 시간은 무조건 지킨다는 생각을 해야 합니다.

	월	화	수	목	금	토	일
09:00~10:00	알바	알바	알바	알바	알바		
10:00~11:00						공부	공부
11:00~12:00							
12:00~13:00	점심	점심	점심	점심	점심		
13:00~14:00	알바	알바	공부	알바	알바	점심	점심
14:00~15:00						공부	공부
15:00~16:00							
16:00~17:00	이동	이동	이동	이동	이동		
17:00~18:00	공부	공부	공부	공부	공부		
18:00~19:00						공부	공부
19:00~20:00							
20:00~21:00							
21:00~22:00							
22:00~23:00							
23:00~24:00							
	5시간	5시간	8시간	5시간	5시간	9시간	9시간

위에 시간표는 막 수능 공부에 돌입했던 7월에 세웠던 것인데요. 딱 봐도 굉장히 널널해 보입니다. 당시 저는 알바를 하고 있었기 때문에

공부에만 집중할 수 없었고, 어차피 계획표 열심히 세워봤자 못 지킬 것을 알기에 제가 할 수 있는 최선을 생각했습니다. 이때는 공부 진입 초기였기 때문에 공부플래너에 적힌 시간에 인강 시간도 포함된 것이었으며, 오후 공부 시간에는 저녁 시간을 고정하기 어려워, 한 시간 정도는 뺀 시간이라고 보면 됩니다. 수능을 고작 100일 앞둔 수험생의 시간표라고 보기에는 이게 될까? 싶을 만큼 무계획적으로 보입니다. 하지만 딴짓하더라도 아래 적힌 시간만큼은 책상 앞에 앉아 있으려 노력했습니다. 딴짓해도 책상 앞에서 했고, 졸더라도 책상 앞에서 잤습니다.

순공 시간에 집착하지 말자

저 역시 스톱워치 2개를 켜고 실제 공부한 시간을 재며 공부했던 적이 있습니다. 하지만 스톱워치에 10시간이 찍혀도 영 공부한 기분이 들지 않았습니다. 어느 순간부턴가 뿌듯함을 느끼기 위한 기록을 위한 공부를 한다는 생각이 들었습니다. 물론 순공 시간을 정확히 기록하는 건 많은 분이 이미 결과로 보여준 성공적인 공부법 중 하나입니다. 하지만 남들이 이 방법으로 성공했다고 해서 나에게 잘 맞는 공부법이라고 단언할 수는 없습니다. 저는 제가 몇 시간 공부했는지 기록하지 않았습니다. 얼마나 공부했는지 진도로 확인했습니다. 어떻게 보면 7월에 세운 공부 계획표가 제가 세운 계획표 중 가장 상세하다고 볼 수도 있는데요. 이후로는 시간에 집착하지 않았기 때문입니다. 저는 제 생활을 좀 더 단순화시키기 위해서 시간에 대한 집착을 버렸습니다.

하루에 10번 이상 일어나지 않기

저는 단순하게 생각했습니다. 어떻게 보면 정말 무식한 방법일 수도 있는데요. 공부하는 중간에 밥도 먹고, 물도 마시고 화장실도 가야하고 산책도 가야 합니다. 이런 걸 다 빼고 나면 언제 공부를 할까요? 혹자들은 밥 먹으면서 공부했다고 하지만 저는 그만큼 독종은 아니었습니다. 밥 먹을 땐 편하게 먹어야죠. 다만 손실 시간을 최소한으로 하고자 했고 깨어 있는 순간에는 진짜 공부하고자 했습니다. 하루종일 공부한다 치면 무조건 10번 이상 의자에서 엉덩이를 떼지 않는다는 생각으로 공부했습니다. 9시부터 12시까지 1~2번 정도 일어나고, 12시부터 1시까지 밥 먹고 산책하면서 1번, 1시부터 저녁 먹기 전인 6시까지 2~3번, 6시부터 10시까지 2~3번 정도 일어났던 것 같습니다. 바를 정(正)자를 그리면서 일어나는 시간을 최소화하니 오히려 저는 잡다한 것에 정신을 뺏기지 않고 공부에 집중할 수 있었습니다. 6시간 이하로 공부할 때는 5번, 10시간 이상 공부할 때는 10번으로 목표를 잡았습니다. 이 방법을 처음 도입했을 때는 하루에 10번을 채워서 일어났는데 점차 시험이 가까워질수록 5번에서 7번 정도 일어났던 것 같습니다. 공부하다가 무언가를 위해 일어나지 않기 위해서는 전날 밤 다음 날 공부 준비를 마쳐야 합니다. 다음 날 제가 공부할 때 어떤 책이 필요할지, 어떤 음료를 마실지 종류별로 책상 옆에 세팅해 두었습니다.

스스로를 속이지 말자

저는 순공 시간에 집착할 필요가 없다고 생각한 이유 중 하나가 내가 정말 온 힘을 다해서 하루 종일 공부했다면 얼마나 공부했는지에 집착하지 않게 되었습니다. 이건 개인의 성향마다 다 다르니 획일화할 수 없는 오직 제 개인의 경험입니다. 하지만 저는 공부하는 내내 스스로 속이지 않는 공부를 했습니다. 인강 의존도가 높은 요즘 진짜 공부를 하는 게 말처럼 쉽지 않습니다. 공부 시간과 인강 들은 시간을 구분해서 적어야 하기도 하고요. 저도 공부에 처음 돌입했을 때는 인강 시간도 공부 시간으로 쳤지만 처음 한 달 동안 기본 개념을 다 떼고 나서는 모르는 부분, 어려운 부분만 인강을 듣고자 했습니다. 인강을 들으면 공부를 정말 많이 한 것 같은데 결과적으로 INPUT 과정만 집중한 꼴이었습니다. 요즘같이 인강 의존도가 높은 시대에 인강만 듣고 공부를 다 했다고 착각하기 쉽습니다. 저 역시 그랬습니다. 인강을 들으면 다 이해되고, 다 아는 것 같습니다. 이미 오랜 시간 집중해서 인강을 들었기 때문에 인강을 마치고 나서 바로 복습하는 건 말처럼 쉽지 않습니다. 그렇기 때문에 저는 가능한 인강을 최소한으로 봤습니다. 단순히 인강을 들은 건 공부를 한 게 아닙니다. 스스로를 속이지 맙시다. 그렇다면 어떻게 스스로를 속이지 않는 진짜 공부를 할 수 있을까요?

인강 의존도 낮추기

내가 이미 알고 있는 개념도 1강부터 마지막 강까지 보려다 맨날 앞부분만 공부하는 참사가 일어날 수 있습니다. 내가 혼자 공부하기 어렵다면 당연히 인강을 봐야겠지만 인강 커리에 완전히 의존하지 않았으면 좋겠습니다. 인강은 내가 실제 공부한 시간이 아니며 내가 모르는 내용을 쉽게 설명해주기 위해 존재하는 것입니다. 인강이 발달하면서 주객이 전도되는 경우가 종종 생기는 것 같습니다. 인강을 듣기 위한 공부를 하지 않기 위해선 스스로 내가 왜 인강을 듣는지 그 목적을 명확히 알아야 합니다.

이 역시 개인의 상황마다 다릅니다. 하지만 어느 정도 개념을 알고 있다는 전제하에 모든 인강을 들을 필요가 있을까요? 물론 공부는 겸손하게 해야 합니다. 하지만 그건 어느 정도 궤도에 올랐을 때 일입니다. 내가 아는 것과 모르는 것을 정확히 구분할 필요가 있습니다. 인강을 듣다 보면 내가 모르는 게 없어 보입니다. 인강은 내가 공부한 게 아닙니다. 인강을 복습해야만 비로소 공부했다고 할 수 있습니다. 그런데 솔직히 말해서 인강을 열심히 들으면 모든 에너지가 소비됩니다. 인강 들은 내용은 다시 쳐다보기도 싫습니다. 물론 그렇지 않은 분들도 있지만 지극히 평범한 사람인 저는 인강을 듣고나면 공부가 하기 싫었습니다. 하지만 이 전제는 내가 어느 정도 개념을 알지만, 중요한 부분에서 빈 구멍이 있다고 인지했을 때의 상황입니다. 내가 전혀 알지 못하는 분야를 새롭게 공부하려면 인강만큼 효과적인 학습법은 없습니다. 하지만 굳이 인강 커리에 너무 연연하지 않았으면 좋겠습니다. 인강보다는 나 스스로 공부하는 힘을 기르는 게 진정한 학습법이라고 생각합니다.

스터디 활용법

저는 아침 시간에 잘 일어나지 못해 스터디에 참여했습니다. 물론 스터디에 참여해도 '그깟 벌금은 내 행복보다 중요하지 않다'며 못 지킨 날도 있지만 일정한 시간에 규칙적인 기상이 필요하다면 외부의 강제적인 수단을 동원하는 것도 유용합니다. 공부 인증 스터디 역시 어떻게 활용하냐에 따라 다른 것 같습니다. 저는 예쁘게 꾸민 스케줄러, 다시 말해 보여주기 위한 스케줄러 작성은 무의미하다고 봅니다. 또한 순공시간 인증 역시 제게는 그다지 의미가 있지 않았습니다. 하지만 매일 밤 제가 오늘 하루 공부한 내용이 무엇인지 A4 용지 한 장에 인증하는 스터디는 의미 있었습니다. 하루 종일 열심히 공부했으면서 내가 하루 동안 무슨 공부를 했는지 다시 떠올리는 과정을 의외로 많은 사람이 간과합니다. 가장 중요한 건 복습이고, 그 복습을 할 수 있는 정신력이 없다면 스터디가 답입니다.

제 공부법이 정답도, 진리도 아닙니다. 저 역시 지금의 공부법에 정착하기까지 여러 실패가 있었지만, 결과적으로 가장 효율적이었던 것 같습니다. 어떻게 보면 공부법이라고 부르기도 조금 민망합니다. 공부를 대하는 태도(?)가 더 적합하지 않나 싶습니다. 공부를 하다 보면 "아 이런 식으로 공부하면 되겠구나!"라는 느낌이 들기가 쉽지 않습니다. 그러다 보면 이런저런 공부법을 다 섭렵해 적용하려 하는데 여기서 어느 정도 시간을 들이는 건 필요하지만 너무 오랜 시간 머무르면 공부법만 잘 아는 사람이 됩니다. 저는 공부를 제대로 하려면 루틴을 단순화해야 한다고 생각합니다. 또한 사소한 것에 집착하지 않고, 스스로를 속이지 않는 진짜 공부를 해야 합니다.

목표 의식을 명확히

대한민국 수험생 중에서 공부하는 걸 정말 즐기고 좋아하는 사람이 몇이나 될까요? 왜 공부하냐고 물으면 대부분 그냥이라는 답이 더 많을 것 같습니다. 사회가 규정한 세상에 맞춰 순응하기 위해 공부하는 게 대부분일 겁니다. 저는 어렸을 때부터 이것저것 다 도전해보기를 권합니다. 그래야 내가 무엇을 하고 싶은지 알 수 있습니다. 아무런 생각 없이 공부하고, 대학에 갔다고 해서 낙원이 펼쳐지지 않습니다. 대학 입시는 우리 인생에 정말 작은 부분을 차지합니다. 현행 입시 제도상 내가 좋아하는 것이 무엇인지 탐구하는 게 어렵다는 거 잘 압니다. 하지만 단순히 공부를 잘해야 해! 보다는 조금 더 큰 포부를 가지고 어떤 세상을 만들고 싶은지 고민했으면 좋겠습니다.

공부를 잘하는 것은 인생의 성공이 아니다

공부가 성공을 보장하는 시대는 이제 없습니다. 공부는 그저 성공할 수 있는 수많은 수단 중 하나일 뿐입니다. 그렇기에 잘하는 것을 찾았으면 좋겠습니다. 인생에서 성공할 방법은 많습니다. 가장 중요한 건 내가 좋아하는 일, 내 심장이 뛰는 일을 찾는 것입니다. 하지만 이런 일을 찾는 게 쉽지 않지요. 인생을 길게 봤을 때 정말 중요합니다. 이 목표를 이루기 위해 나는 공부를 한다는 생각을 끊임없이 상기한다면 지루하기 그지없는 수험 생활에 한 줄기 빛이 될 것입니다.

그래서 대체 뭘 어떻게 하라고?

자신이 좋아하는 일을 찾았으면 좋겠다, 잘하는 일을 찾았으면 좋겠다, 이런 말 정말 고루할 것입니다. 자기계발서에 정말 빠지지 않고 등장하는 말이니까요. 누가 그걸 몰라서 안 찾나요? 현실적인 여건상 못 찾는 게 대부분일 겁니다. 공부에 집중하기도 바쁜데 대체 적성을 찾을 시간이 어딨을까요? 전형적인 한국 교육 과정 안에서 모범적으로 산 학생이라면 더더욱 찾기 힘들 것입니다. 저 역시 제가 잘하는 것, 좋아하는 것을 찾는 과정 중에 있는 사람이다 보니 이게 정답이라 말할 순 없습니다. 지금 제가 생각하는 정답이 일 년 후, 아니 불과 한 달 후에 마음이 변할 수 있으니까요. 저는 이것저것 경험해보는 걸 추천합니다. 혼자 당일치기라도 여행도 떠나보고, 말도 안 되는 프로젝트도 도전해보고, 자신이 흥미를 느끼는 분야의 전문가에게 인터뷰도 요청해보길 바랍니다. 여러분은 잃을 게 없으니까요. 이것저것 잡다하게 하다 보면 아, 내가 이런 걸 좋아하는구나, 하는 게 어렴풋이 생길 것입니다. 생기지 않는다면 이러한 과정을 통해 내가 느낀 점이 무엇인지, 내가 행한 바보 같은 일이 무엇인지 성찰하는 과정을 통해 의미를 찾을 수 있습니다. 도전과 실패가 쌓일수록 인생은 더 찬란해지는 것 같습니다. 여러분은 실패해도 되는 나이입니다.

목표를 이루기 위해 강제성을 부여하자

활자 알레르기가 있는 저는 1년간 100권 읽기라는 목표를 세워봤습니다. 할 수 있을까? 자신도 반신반의했습니다. 어떻게 하면 꾸준히 책을 읽을 수 있을까 고민하다가 저 혼자만의 의지로는 어렵다는 걸 깨달았습니다. 그렇게 다양한 독서 모임과 서평단 활동을 병행하며 1년 동안 100권의 책을 읽고 서평을 써서 SNS에 올렸습니다. 1,000명의 팔로워라는 목표 달성 이후 시들해지긴 했지만, 이 도전을 통해 얻은 건 역시 책은 저와 맞지 않는다는 현실적인 깨달음이었습니다. 더나아가 무식했던 저를 반성하며 좋아하진 않지만 책을 가까이하는 사람이 되었습니다. 여전히 읽는 게 너무 싫은 저지만 이 경험을 통해 '내가 하지 않는 것'과 '못하는 것'에 대한 분별이 생겼습니다. 또한 내가 이런 것을 해낼 수 있는 사람이라는 자신감이 주는 효과는 매우 큰 것 같습니다. 작은 성공부터 하라지만 사실 작은 성공도 쉽지 않습니다. 실상 아침에 일어나서 매일 물 한 잔 먹는 것조차 꾸준히 하는 건 어렵습니다. 무엇이든 좋습니다. 꾸준히, 목표를 한번 세워보시길 바랍니다. 혼자가 어렵다면 같이 할 친구를 구해보세요! 일단 무엇이든 도전하다 보면 생각지도 않은 곳에서 내가 이런 걸 좋아했구나, 내지 이런 건 나와 맞지 않다는 것을 알 수 있습니다.

슬럼프 극복법

세상에는 괴짜가 있어서 공부가 즐거운 사람이 있을 수 있습니다. 하지만 대부분 사람에게 공부의 과정은 고통스럽습니다. 천천히, 꾸준히 지속할 수 있는 사람이 되었으면 좋겠습니다. 저는 수험생 기간 영화관 VIP였습니다. 드라마처럼 러닝타임이 긴 콘텐츠보다는 2시간 안팎으로 기승전결이 끝나는 영화가 저에게는 적합했습니다. 마음이 시끄러울 때는 전시회도 갔다 왔고 한강 공원으로 자전거 라이딩을 하러 가기도 했습니다. 쉽지 않은 것 알지만 너무 시험을 앞두고 불안해하고 초조해하지 않았으면 좋겠습니다. 다른 이유는 없습니다. 그게 나한테 정서적으로 도움이 되지 않기 때문입니다. 적당한 긴장감은 필요하지만, 필요 이상으로 스트레스를 받을 때 좋은 결과를 받는 건 흔치 않은 것 같습니다. 조금은 내려놓는 게 필요한 것 같습니다. 1년 365일을 한결같이 살고자 마음먹는다면, 하루 이틀 만에 포기하게 됩니다. 공부가 잘되지 않을 때는 공부 유튜버들의 굿즈를 보면서 지름신이 강림하기도 했습니다. 우리 집에는 온갖 최신 공부 장비가 갖춰져 있습니다.

오늘을 제대로 살지 않았더라도

내일 제대로 하면 됩니다. 오늘 제대로 하지 못한 이유가 분명히 있을 것입니다. 왜 나는 계획대로 하지 못했을까 자책하는 건 무의미합니다. 보통 제 계획이 어그러지는 가장 큰 이유는 건강이었습니다. 책상에 앉아 있으니 머리가 깨질 것처럼 아프고, 눈이 어두침침해서 잘 보이지 않았습니다. 허리와 어깨가 누가 짓누르는 것처럼 무겁고, 손목은 펜을 쥘 힘도 없었습니다. 그래서 공부할 기분이 들지 않았습니다. 공부하려고 책상에 앉아도 도무지 집중되지 않았습니다. 몸 상태가 너무 안 좋으면 저는 그냥 병원에 갔습니다. 가볍게 아픈 거면 진통제를 먹고, 눈이 어두침침하면 안과에 갔고, 허리, 어깨, 손목이 아프면 정형외과나 한의원에 갔습니다. 오늘의 나태함을 내일은 어떻게 하면 제거할 수 있을지를 고민해야 합니다. 그냥 아무것도 하기 싫어서 빈둥거린 날에는 마음껏 놀자는 마음으로 영화를 보러 가기도 했습니다. 인생은 계획대로 되지 않습니다. 공부도 계획대로 되지 않습니다. 고작 이 정도도 제대로 하지 못하는 내가 한심스럽겠지만, 내 스스로를 한심스럽게 여기는 것도 내게 전혀 이득 될 것 없는 무의미한 고민입니다. 내가 왜 오늘 실패했는지, 실패하지 않기 위해서는 뭘 해야 할지 그 원인을 찾아 제거하고 내일부터는 제대로 할 수 있는 환경을 만들길 바랍니다. 나를 자책하는 건 불필요합니다. 여러분, 나를 사랑합시다. 끝이 보이지 않는 어둠을 혼자 씩씩하게 걸어가는 스스로를 자랑스럽게 여기길 바랍니다. 하루의 실패는 평생의 실패가 아닙니다.

일단 해보자

저처럼 나이가 많다면 지금의 삶이 불만족스럽더라도 다시 도전하기 쉽지 않을 것입니다. 현실적으로 공부를 더 한다고 해서 지금보다 더 나은 삶을 살 수 있을지도 불확실합니다. 고통스럽고, 어린 학생들과 경쟁하며 4년의 가치를 의미 있게 만들 수 있을까 스스로 확신이 들지 않을 수도 있습니다. 저 역시 대학 입학 전에 고뇌했던 부분이며, 지금도 끊임없이 고민하고 있습니다. 과연 이 시간이 나에게 가치가 있을까? 그런데 가치가 없다면 어쩔 건가요? 다시 이전으로 돌아가면 됩니다. 100세 시대에 사회가 규정한 대로만 사는 게 꼭 정답은 아니니까요. 사회가 규정한 대로 열심히 달려온 당신, 그래서 지금 행복하신가요? 물론 초조할 수 있습니다. 하지만 스스로 노력하는 지금의 삶이 저는 스스로 자랑스럽습니다. 스스로 부끄럽지 않은 삶을 산다면, 충분히 도전해볼 만한 가치가 있다고 생각합니다. 지금 저는 저 스스로가 자랑스러우니까요. 쉽진 않습니다. 반짝이는 아이디어와 체력으로 무장한 어린 친구들 사이에서 적응하는 건. 오히려 나이 먹고 이 정도도 제대로 해내지 못하는 스스로 자괴감을 느끼기도 합니다. 지금이라도 할 줄 알아서 얼마나 다행인지요! 이미 늦은 인생, 즐겁게라도 살았으면 좋겠습니다.

제가 지금 ○등급인데 ○등급까지 올릴 수 있을까요?

수능 커뮤니티의 단골 질문입니다. 많은 학생이 최저를 맞추고자 스스로 ○등급까지 올릴 수 있는지 질문을 합니다. 생각해보면 정말 무의미한 질문입니다. 만약 이러한 질문을 했는데 답변자가 불가능하다고 한다면 자신의 인생이 달린 수능을 포기할 것인가요? 수험생은 자신이 무조건 할 수 있다고 가정하고 어떻게 하면 올릴 수 있는지를 고민해야 합니다. 물론 '9등급이 1등급 될 수 있을까?'와 같은 비현실적인 목표를 삼는다면 단기간에는 어렵지만 저는 이 역시 완전 불가능은 아니라고 봅니다. '○등급인데 ○등급까지 올릴 수 있을까?'라는 질문에는 저는 무조건 YES라고 답하고 싶습니다. 하지만 그 과정이 사람마다 천차만별이며, 도달하는 데 걸리는 시간 또한 사람마다 다릅니다. 가령 전과목 9등급이 1등급까지 끌어올려지려면 전과목 개인 과외 선생님이 24시간 밀착 생활감시로 최소 3년은 나 죽었다고 생각하고 공부만 해야 할 것입니다. 결과는 가능할지라도 그 과정이 쉽지 않다 보니 대부분 불가능하다고 생각하는 것입니다. 그러니 ○등급에서 ○등급까지 올릴 수 있을까요? 가 아니라 ○등급에서 ○등급까지 올리려면 얼마나 걸릴 것이며, 어떤 방법으로 공부해야 하는지를 묻는 게 바람직한 질문의 방식이 아닐까 싶습니다.

시험을 앞두고 초조할 때

저 역시 그랬습니다. 아, 1년만 시간이 더 주어진다면 개념부터 심화까지 차곡차곡 커리큘럼을 잘 타서 완벽하게 수능 준비를 할 텐데. 이게 가능할까요? 지금 당장, 오늘 실천하지 못하면 1년 후에도 결과는 달라지지 않습니다. 수능 시험이 임박할수록 모순되게도 공부하는 시간보다 내가 수능을 못 보면 어쩌지? 하는 고민의 시간이 더 클 겁니다. 그 시간에 여러분의 경쟁자는 한 자라도 더 보기 위해 애쓰고 있습니다. 고민조차 사치입니다. 생각을 단순화하세요. 아무 생각하지 말고, 1년 후를 기약하지 마세요. 여름 방학 이후로는 재수 선행반 모집 광고를 보며 마음이 흔들립니다. 수능이 한 달밖에 안 남았을 때 수능 100일의 기적, 한 달의 기적, 일주일의 기적, 다 찾아보고 이 일이 내 일이 될 수 있다고 믿고 그저 앞으로 나가길 바랍니다. 그러한 기적의 사례가 정말 특이한 케이스라서, 희소하다 할지라도 어쩔 건가요? 그 시기에 '기적' 사례를 찾고 있다면 잃을 게 없습니다. 기적이 내게는 일어나지 않을 거라고, 초조함과 불안함에 잠식되어 공부에 손을 놓으면 평소보다 낮은 성적의 성적표를 받을 가능성이 높습니다. 그러니 내가 기적을 만들 수 있다고 생각하고 사고를 단순화하기를 바랍니다. 여러분의 목표는 한 문제라도 더 맞히는 것입니다. 물론 이게 쉽지 않다는 거 잘 압니다. 칼로 무 자르듯 난 기계처럼 공부만 할 거야, 라는 마음이 쉽게 먹히지 않는 거 잘 압니다. 하지만 이 순간을 견뎌내겠다는 독한 각오가 필요합니다. 설령 1년 후 수능을 노릴지라도 영어나 탐구처럼 암기 기반의 과목은 짧은 시일 내 충분히 올릴 수 있습니다. 만약 수능이 일주일 남았는데 공부가 너무 안 되어 있다 싶으면 1년 후를 기약하는 게 아니라 1주일 동안 영어 단어장을 다 외워보길 추천합니다. 단어장만으로도 현재 성적보다 훨씬 더 좋은 성적을 받을 수 있습니다. 이러한 성공 경험이 쌓여야 N수도 유의미합니다.

인생은 어떻게 흘러갈지 모른다

1년 전만 하더라도 제가 이 과에 와서 공부할 줄 몰랐습니다. 그런데 저는 지금 교육공학과에 전공 만족도가 높은 상태로 다닙니다. 제가 취업 원서를 쓸 때 항상 골머리를 앓았던 협동 능력을 배우고 있습니다. 우스갯소리로 이제 취업해도 되겠다고 합니다. 저는 원서 작성 직전까지 이러한 과가 이 세상에 존재하는지도 몰랐습니다. 사람은 언제, 어떻게 나에게 맞는 걸 찾게 될지 아무도 모릅니다. 지금 당장은 공부가 전부일 것 같지만 의외의 곳에서 내 길을 찾을 수 있습니다. 그러니까 너무 우울해하지 않았으면 좋겠습니다. 끝이 보이지 않는 터널도 언젠가는 끝이 나옵니다. 그 터널 밖에 나를 기다리는 것은 사람마다 다릅니다.

노력하는 나 자신에 심취하지는 말자

돌이켜보면 한 번에 엄청난 성공을 거둔 적은 없는 것 같습니다. 공부도, 인생도. 뉴스에서는 운 좋게 성공한 사람들의 이야기를 보여주며 일확천금이 가능하다고, 내게도 기적이 가능하다고 말하지만 제 삶은 기적과는 거리가 먼 지극히 평범한 삶이었습니다. 이런 사람들에게 가장 경계해야 할 것은 노력하는 나 자신에 심취하는 것입니다. 바로 위에만 하더라도 노력의 과정을 소중하게 여기라면서, 지금에 와서는 노력하는 나에게 심취하지 말라니, 상당히 모순적으로 느껴지지요? 한 번에 성공을 바라는 건 도둑 심보입니다. 실패 역시 성공으로 가기 위한 여정 중 필요한 요소입니다. 하지만 결과가 계속해서 나오지 않는다면 조금은 상황을 객관적으로 볼 필요가 있습니다. 이때 가장 냉철하게 봐야 하는 건 내 '노력'이 진심이었냐는 겁니다. 내 스스로 떳떳할 만큼 노력이 진심이었다면 방법이 잘못된 것입니다. 스스로 세우는 계획도 중요하지만, 객관적인 조언이 필요한 시기입니다. 하지만 스스로 생각해도 노력이 부족했다면, 내가 이 목표를 이루기 위해 노력을 지속할 수 있는지를 객관적으로 따져봐야 합니다. 때로는 포기할 줄 아는 용기도 필요합니다. 지금 당장 이 목표를 이루지 못한다면 세상이 무너질 것 같지만 세상은 그리 쉽게 무너지지 않습니다. 더더욱 중요한 건 자신이 세운 목표가 스스로가 원하는 목표인지, 주변의 기대에 어쩔 수 없이 부응하기 위한 목표인지를 구분해야 합니다.

처음부터 너무 큰 욕심을 내지 말아라

하루아침에 오랜 시간 집중하는 건 절대 쉽지 않습니다. 그러므로 욕심을 버려야 합니다. 저 역시 수능을 코앞에 두고는 10시간 이상 집중했으나 처음부터 그러진 못했습니다. 공부도 탄력이 붙으면 됩니다. 그러므로 오늘 하루는 인강 없이 1시간, 2시간, 3시간 이렇게 차츰차츰 공부 시간을 늘려가시길 바랍니다. '오늘부터 10시간 공부!' 이렇게 허황한 목표를 잡는다면 시작도 하기 전에 지칠 가능성이 큽니다. 공부는 길게 보는 레이스입니다.

제가 누군가에게 공부법을 말하는 것도, 공부 철학을 말하는 것도 좀 쑥스럽습니다. 제 삶에 실패가 너무 많았기 때문입니다. 하지만 인생은 탄탄대로로 성공한 사람만 있지 않습니다. 그렇기에 용기를 내서 이 책을 쓸 수 있었습니다. 지금 당장 뭘 해야 할지 막막한 사람에게, 내 인생이 답이 안 보일 것처럼 어두운 사람들에게 언젠가는 좋은 날이 올 것이라는 작은 희망을 주기 위해서입니다. 그리고 언제든 새롭게 도전할 용기를 가지라고 저는 말하고 싶습니다. 한번 사는 인생, 즐겁게 살아야 하니까요.

인생은 야구처럼

저는 야구를 좋아합니다. 9회 말 2아웃, 정말 뒤집힐 수 없다고 생각한 경기도 원점으로, 혹은 승리로 이끄는 게 야구니까요. 저는 조급할 때 항상 야구처럼 인생을 살고자 했습니다. 1회부터 9회까지 내

내 이기고 있다가도, 아웃카운트 하나만 잡으면 되는 순간에 경기를 질 수 있는 게 야구입니다. 다시 말하면 내내 지고 있다가 한순간에 승리를 거머쥘 수 있습니다. 이게 바로 야구의 묘미입니다. 인생이 늦었다고 생각하는 분들께 저는 말하고 싶습니다. 아직 우리의 인생은 끝난 게 아니라고. 인생이 야구라면, 9회라는 긴 경기 속 우리 삶이 도달한 부분은 아주 미약할 것입니다. 그러니 꿈을 가지고 끝까지 포기하지 않았으면 합니다. 우리는 정답을 알고 있습니다. 그러니 우리가 해야 할 일은 정답을 향해 나아갈 수 있도록 마인드 컨트롤을 하는 것입니다.

세상에 존재하는 수많은 공부법

책을 쓰면서 서로의 공부법이 참 많이 다르다는 걸 느꼈습니다. 이 책에는 3명의 공저자가 있고, 3인 3색의 공부법을 소개합니다. 절대적인 정답은 없습니다. 이렇게 많이 존재하는 공부법 중 내게 맞는 공부법을 찾는 것이 중요합니다. 더 중요한 건 공부'법'을 공부하지 않는 것입니다. 효과적인 공부법을 찾는 것보다 더 중요한 건 지금 당장 실행하는 능력입니다. 공부법을 찾는 것보단 당장 책상에 앉아 책을 읽는 게 더 효과적입니다. 지금 당장, 책상에 앉아 책을 펼쳐보세요! 여러분의 목표에 한 발짝 더 다가갈 것입니다.

Don´t forget

★

☆

★

★

★

☆

★

☆

★

★나에게 적용해보고 싶은 것들 기록하기

4

부록

- 대학에 합격한 선배들의 인터뷰
- 나만의 공부 플래너 만들기

이화여자대학교 행정학과 22학번 강유진

안녕하세요. 저는 이화여자대학교 행정학과에 미래인재 전형으로 입학한 22학번 강유진입니다. 우선, 제가 합격하게 된 '미래인재' 전형에 대해 간단히 소개해보자면, 미래인재전형은 서류 100% 전형으로 면접이 없고, 국어, 수학, 영어, 탐구(사회/과학) 4개 영역 중 3개 영역 등급 합 6이내의 수능 최저를 반영하는 소위 학생부종합전형에 해당합니다.

학생 친구들/수험생 친구들에게 하고 싶은 말

저는 아직도 초등학교 4학년 겨울방학에 영화 〈변호인〉을 보고 마음속 깊은 곳부터 느꼈던 심장의 두근거림을 잊을 수 없습니다. 11살 그 어린 나이에 뇌리에 박혔던 대한민국 헌법 제1조 2항은 지금까지도 선명히 기억나는 것 같습니다. 대체로 많은 학생이 입시 기간 중 가장 지친다는 고등학교 3학년 10월까지도 제가 꿋꿋하게 열심히 공부할 수 있었던 이유는 바로 여기에 있다고 생각합니다.

저는 공부를 "열심히" 하기 위해서는, 본인의 가슴을 뛰게 하는 꿈이 필요하다고 생각합니다. 거창한 계기를 통해 꿈을 키울 필요는 없습니다. 영화나 드라마같이 미디어 매체를 보는 것도 좋고, 책을 읽어봐도 괜찮고, 주변 사람들의 꿈을 물어보거나 혹은 어떤 강연을 보고 꿈을 키우게 되는 것도 좋습니다. 어떠한 방법을 통해서든 '내가 이 꿈을 가지고 평생을 살아간다면 나 스스로 꽤 만족스러운 삶일 것 같다'라는 꿈을 가지시기 바랍니다. 제가 대입을 준비하는 입시 동안 절실하게 느낀 바는 결국 본인이 해야겠다는 생각이 들어야 진정한 공부가 시작된다는 것입니다. 중학교 재학 당시, 어느 정도 상위권의 성적을 받고 있던 저는 담임선생님의 추천으로 외국어고등학교에 진학하게 되었고 큰 절실함 없이 여태껏 해왔던 정도로만 공부하면 되겠지 싶었던 1학년의 저는 첫 중간고사와 기말고사에서 단 한 번도 받아보지 못한 절망적인 성적을 받게 됩니다. 그제야 저는 제가 우물 안의 개구리였다는 사실을 깨닫고, 다시 한번 제 꿈과 지금 제 현실에 대해 고민해보는 시간을 가지게 되었습니다. 저는 인권변호사가 되어 우리 사회의 사회적 약자들의 편에 서서 그들에게 법적 도움을 제공하고 싶다는 꿈이 있었고, 그러한 꿈을 이루기 위해서 지금의 제 성적은 터무니없이 낮았습니다. 현실과 이상의 간극에서 오는 비극을 맛본 그 순간, 저는 이렇게 현실에 안주해 있어서는 안 된다는 생각이 들었고 그때를 기점으로 제 성적은 상승곡선을 그리기 시작했습니다. 중학교 3학년 겨울방학부터 고등학교 1학년 겨울방학까지 무수히 많은 조언과 잔소리를 들었지만 하나도 귀에 들어오지 않았던 제가 스스로 '이렇게 있어서는 안 된다'는 걸 깨달았을 때 마침내 자의로 열심히 공부하기 시작했던 것 같습니다. 그리고 다른 친구들보다 1년 늦게 공부를 시작했던 저는 그 1년을 따라잡고자 필연적으로 더 많은 시간을 들여야만 했고 그래서 때때로 지치는 순간도 많았습니다. 하지만, 제 마음속 깊이 심어 둔 꿈을 떠올릴 때면 다시 한번 가슴이 뛰었고, 그 꿈을 이루기 위해서라면 다시 한번 일어서 달릴 수 있었던 것 같습니다.

제가 대입을 준비하는 고등학생, 그리고 예비 고1 학생들에게 해주고 싶은 조언 크게 3가지입니다. 첫째, 전략적으로 입시에 임하기를 바랍니다. 입시는 정보 싸움이라고 생각합니다. 여기서 말하는 '정보'란, 본인이 입시에 있어서 가질 수 있는 객관적인 장단점을 정확히 파악하고 그에 맞는 전형에 적절히 지원하는 것을 뜻합니다. 저를 예시로 들어 설명해 드려보자면, 객관적인 입장에서 접근해보았을 때 저는 비교적 산술적인 성적은 좋지 못했지만, 법조인과 행정가를 초점으로 1학년 때부터 깊이 있는 진로 탐구 내용을 생활기록부에 담아 비교과적으로는 우수한 위치에 있었습니다. 덧붙여, 불안정한 내신 성적으로 인해 고등학교 2학년 때부터 꾸준히 정시도 함께 준비해왔고 이로써 최저는 안정적으로 맞출 수 있는 성적을 가질 수 있었습니다. 따라서, 이러한 데이터를 바탕으로 분석해보았을 때 제가 잘 맞는 전형은 성적의 반영 비율은 비교적 낮고, 대신 비교과나 자기소개서 등으로 성적의 부족한 부분을 채울 수 있으며 정시 최저가 높게 형성되어 있는 전형이라고 생각했습니다. 바로 이화여자대학교 미래인재 전형이 그러한 전형이었고, 실제로 저는 비교적 낮은 내신 성적에도 불구하고 2022년 당시 불수능에서 수능 최저를 맞춰 이화여대에 합격할 가능성을 크게 높일 수 있었습니다.

둘째, 입시를 준비하면서 공부뿐만 아니라 꼭 꾸준히 운동하기를 바랍니다. 결국, 공부는 체력으로 결정됩니다. 체력이 좋지 못하면, 마음만큼은 더 오랜 시간 공부하고 싶어도 몸이 받쳐주지 못하는 상황이 오게 됩니다. 저도 고등학교 2학년 겨울방학에 체력적 한계를 크게 느꼈고, 이후 매일 아침 6시 반에 기상해서 친구와 30분가량 러닝머신을 뛰고 아침 자습을 시작했습니다. 비록 적은 양일지라도 모의고사 날이나 내신 시험 기간을 제외하고는 1년 정도 꾸준히 운동하고 나니 오히려 고3 초반보다 후반에 더욱 오랜 시간 앉아서 공부할 수 있었습니다. 지금 당장은 '운동할 시간이 어디 있냐, 그 시간에 조금이라도 더 공부해야 하는 거 아닌가?' 하는 불안감이 들 수도 있겠지만, 지금 당장 30분을 운동에 투자하는 것이 시간이 흐르고 나면 수십 배의 순공 가능 시간으로 늘어나고 훨씬 더 질 높은 집중력으로 공부에 전념할 수 있다고 확신합니다.

마지막으로, 여러분이 입시 기간 만나게 될 모든 자기 모습을 사랑해줄 수 있기를 바랍니다. 이 책을 읽고 있는 여러분이라면, 꽤 공부에 욕심이 있고 잘하고 싶다는 생각이 있는 학생들일 거로 생각합니다. 그러한 여러분이 입시를 경험하다 보면, 분명 내가 열심히 노력했는데도 만족하지 못하는 성적이 나오는 경우도 많고 입시의 상대 평가 특성상 옆에 있는 친구들과 자신도 모르게 비교하게 되는 경험도 자주 생길 것입니다. 하지만 그럴 때마다 좌절하고 '나는 왜 이것밖에 못 하지, 쟤는 이렇게 잘하는데……' 하며 본인 자신을 깎아내린다면 신체적으로나 정신적으로 피폐해질 수밖에 없다고 생각합니다. 쉽지는 않겠지만, 다른 사람에게 공부의 초점을 맞추기보다 본인 스스로에게 초점을 맞춰 '내가 어제보다 얼마나 더 다양한 지식을 쌓았고 얼마나 더 나은 사람이 되었는지'에 집중하시기 바랍니다. 또, 이른 새벽부터 늦은 밤까지 공부하다 보면 때때로 관성에 젖는 순간들도 생기게 될 텐데 그럴 때마다 이른 아침에는 새벽의 상쾌한 공기를 즐기고, 늦은 밤에는 사소하지만 매일 달라지는 달의 모습을 발견하는 것에 기쁨을 느껴보세요. 그렇게 공부를 이어 나간다면 그 꾸준함이 반드시 성공할 수밖에 없는 내가 되도록 할 것입니다. 일상의 소소한 요소들이 나에게 주는 행복과, 날마다 조금 더 나은 내가 되어간다는 뿌듯함으로 여러분의 입시 기간을 채워나간다면 그 시간은 더없이 찬란한 기억으로 뿌리내릴 것이라 확언합니다.

서울교육대학교 영어교육과 22학번 김나영

안녕하세요. 서울교육대학교에 재학중인 22학번 영어교육과 김나영입니다. 학생부 종합 전형 중 교직인성우수자 전형으로 입학하였습니다.

학생 친구들/수험생 친구들에게 하고 싶은 말

한번 뿐인 10대를 입시 하나만을 바라보며 여유도 없이 살아가는 친구들이 많을 것이라고 생각합니다. 하루하루가 짧다고 느껴지고 스스로를 자책하며 조급한 나날들을 보낼 텐데 열심히 하는 자신을 믿어주고 다독여주면 좋겠습니다. 가끔씩은 쉬어가며 원하던 목표를 향해 차근차근 나아가면 그 끝은 분명히 내가 꿈꾸던 밝고 행복한 모습 그대로일 것입니다. 이루고자 하는 것들을 다 이룰 수 있도록 응원하겠습니다!

공부를 열심히 한 동기는 어떤 것이었나요?

중학교 때부터 '교사'를 해야겠다는 목표가 뚜렷했습니다. 교사가 되어 나만의 교실을 만들어 나가는 생각을 줄곧 했고 그걸 이루어 내기 위해서는 꼭 바라던 대학에 합격해야겠다고 다짐했습니다. 사실 공부를 아무런 목표 없이 하기에는 허무하고 어려운 것이라고 생각합니다. 단순히 '좋은 대학'이라는 목표가 아닌 나의 꿈을 실현해 줄 수 있는 대학이라는 구체적이고 확실한 목표가 있었기에 열심히 공부했던 것 같습니다.

매력적인 생기부를 만들 수 있었던 방법을 소개해 주세요

우선 하나의 진로를 잡으면 진로, 자율, 세부능력특기사항 등이 하나의 이야기처럼 세세하고 자연스럽게 구성되어 있어야 한다고 생각했습니다. '교육'과 '교사'를 목표로 두고 생기부를 만들었던 저는 1학년부터 3학년까지 학년마다 큰 주제를 잡고 그 안에서 모든 걸 만들었습니다. 만약 1학년 때, '교사가 만들 수 있는 평등한 교육'이라는 주제를 잡았다면 진로와 자율, 세특에 평등 교육을 추구하는 교사의 가치관, 우리나라 교육의 불평등 문제 탐구, 해결 방안, 평등 교육을 만들어 나가기 위한 새로운 방법, 블라인드 교육 등 각각의 탐구 주제는 다르지만 모아 놓고 보면 하나의 큰 틀로 이루어졌다는 것을 보여주고 싶었습니다. 특히 진로와 자율은 가장 중요한 부분이라고 생각해서 최대한 다양한 것들을 보여줄 수 있도록 했습니다. '자율'에서는 학교생활, 예를 들어 학생회 활동 또는 학급 내 활동 등 당연히 해야할 일들을 단순히 '~한 일을 했다'라고 마무리 짓지 않고 교사와 교육이라는 주제가 들어갈 수 있도록 '리더십을 가지고 학급 친구들을 이끌어 문제를 해결하는 모습을 통해 미래 진로인 교사의 자질을 보여주었다'라는 내용이 들어가기도 했습니다. 그리고 '진로'에서는 '자신이 만들어 낸 것'들이 잘 보일 수 있는 프로젝트를 중점으로 채워 나갔습니다. 단순히 이론 탐구, 현재 존재하는 현상 탐구는 흔하고 누구나 할 수 있다고 생각하여 단순히 이론 탐구에서 벗어나 실제로 실현하고 구축할 수 있는 무언가를 보여주고 싶었습니다.

실제로 사교육을 받지 못하는 학생들이 학교나 가정에서 추가적인 공부를 할 수 있게 '제약 없는 학습환경을 위한 프로그램'을 만들어 인터넷 사이트를 개설하고 학급 친구들에게 이용해 보게 하여 피드백을 받고 수정하는 프로젝트를 진행했습니다. 여기서 몇 가지 팁을 추가하면 세특에 스스로 책을 읽고 교과서와 진로를 연계하여 새롭게 탐구하고 그에 대한 보고서를 작성하여 제출하면 단순히 교과서 내용을 알고 넘어갔다는 것이 아닌 '나는 좀 더 세부적으로 탐구했다'라는 모습을 보여줄 수 있을 것 같습니다. 특히 세특에서 '독서'가 사라진 지금 더 중요한 활동이라고 생각합니다. 또한 세특에서 단순히 교과 내용이 들어가기보다는 교과 내용을 좀 더 활용하는 것도 중요합니다. 예를 들어 '한국지리'라는 과목에서 '감입곡류천, 범람원 ~에 대해 공부했다'라는 이야기보다는 'GPS를 활용한 ~' 탐구의 내용이 들어가는 것도 중요합니다.

슬럼프가 온 적이 있었나요? 있었다면 어떻게 극복했는지 알려주세요.

'대학에 가야겠다'라는 목표 하나만을 위해 공부하다 보니 어느 순
간 '내가 무엇을 위해 이렇게 살고 있는 거지?'라는 의문을 가진 적이
있었습니다. 분명히 내가 하고자 하는 목표가 있었지만 자신이 원하
는 것은 하지 못한 채, 단순히 생기부를 만들어 나가는 활동, 대학에
가기 위한 활동이 무의미하게 느껴졌습니다. 그 때문에 아무것도 하
고 싶지 않고 다 포기해야겠다는 마음이 가득했던 시기였습니다.

이때 저는 기간을 잡고 마음 놓고 쉬면서 처음 고등학교 들어올 때
했던 목표에 대해 곰곰이 생각해 봤습니다. 하다못해 내가 원하는 대
학에 들어가 즐거운 캠퍼스 생활을 하는 모습을 상상하기도 했습니
다. 다소 당연하고 허무맹랑한 이야기처럼 들릴 수도 있겠지만 오히
려 너무 버거울 땐 휴식을 통해 쉬고 그동안 다시 나의 목표에 재정립
하는 것이 가장 중요하다고 생각합니다.

포항공과대학교 무은재학부 22학번 이영기

안녕하세요! 포항공과대학교 무은재학부 22학번 이영기입니다. 포항공대는 모든 재학생들이 3학기 동안 무은재학부에서 공통된 내용을 배우고 이후 전공을 선택합니다. 저는 현재 컴퓨터공학과 진학을 희망하고 있습니다. 저는 2022학년도 수시 일반전형에 합격하여 이 학교에 입학하였습니다.

학생 친구들/수험생 친구들에게 하고 싶은 말

지금 고등학생 시절을 생각해보면 그때의 시험 성적이나 내신보다는 수능을 위해 열심히 공부하던 제 모습이 떠오릅니다. 결국 우리 마음속에 기억되는 건 결과보다는 과정인 것 같아요. 여러분도 공부를 할 때 좋은 결과를 목표로 하는 것보다, 나중에 지금 이 순간을 후회하지 않도록 행동하는 것을 목표로 했으면 좋겠어요. 저는 여러분의 노력에 따른 좋은 결과가 나오길 같이 바랄게요!

공부를 열심히 한 이유, 동기가 무엇이었나요?

저는 행복을 위해서는 본인이 좋아하는 것을 업으로 삼는 것이 우선이라고 생각해요. 또, 운이 좋게도 학창 시절에 제가 좋아하는 것(컴퓨터공학)이 무엇인지 빨리 찾았어요. 뚜렷한 목표가 생기니, 그 분야를 전문적으로 배울 수 있는 좋은 대학에 가고 싶은 의지가 제 공부의 원동력이 되었어요.

자신만의 노트필기법을 소개해주세요.

제가 만든 공부법이 있는데, '4단 백지필기'예요. 4칸 노트의 첫 칸에 필기를 하고, 간격을 두고 나머지 세 칸에 해당 내용을 백지복습하는 방법이에요. 3일 내, 일주일 내, 시험 기간 내에 한 번씩 백지필기를 하면서 총 세 번을 복습했어요. 이 방법의 가장 좋은 점은 내가 여러 번 까먹은 부분을 알 수 있다는 점이에요. 복습을 하면서 스스로 백지필기를 하지 못한 부분을 다른 색깔로 적었고, 다음 복습 때 또 까먹었으면 또 다른 색깔로 적었어요. 이렇게 하면 마지막 칸에 나만의 중요도가 표시된 노트필기가 만들어지는 거죠.

자신만의 시간 관리법을 소개해주세요.

공부를 하는 시간을 재지 않고, 반대로 불필요하게 보내는 시간을 측정했어요. 자투리시간에 폰을 하거나, 공부할 때 딴짓하는 시간을 쟀어요. 이 방법을 쓰면 불필요하게 시간을 보내고 있을 때 타이머에 손이 가니까 내가 지금 시간을 낭비하고 있다고 자각할 수밖에 없어요.

교과, 비교과, 수능 동시에 관리하는 방법을 소개해주세요.

수능 국어와 영어는 매일 오전에 한두 개의 지문을 시간을 재고 풀었고, 고3 때는 모의고사를 한 번에 푸는 걸 목표로 하고 공부했어요. 내신 국어는 수업 필기랑 문제집이나 전과에 있는 내용을 노트에 다 적어서 단권화했어요. 충돌되는 내용이 있다면 수업 내용을 1순위로 뒀어요.

내신 영어는 본문 내용을 최대한 외우려고 했어요. 그래도 무조건 외우는 것보단 그 문장의 맥락과 문법을 이해하면서 외우는 것이 좋아요.

수학과 과학은 내신 공부와 수능 공부를 따로 구분하지 않았어요. 내신 공부할 때 각 과목의 모의고사 기출 문제집을 같이 풀었어요.

학교 생활하면서 비교과용 시간과 교과용 시간을 구분했어요. 학교 자습할 때는 내신 대비에만 집중하고, 비교과 활동 때는 비교과 활동에만 집중했어요. 자습 때 비교과도 챙기려 하거나 비교과 활동 때 내신 공부를 하려고 하면 둘 다 놓칠 수 있어요.

슬럼프가 온 적이 있었나요? 있었다면 어떻게 극복했는지 알려주세요.

저는 완벽주의가 있는 편이라, 상황이 틀어졌을 때 다시 시작하기를 힘들어해요. 이전에는 학교 자습이라는 고정된 스케줄이 있었지만, 코로나19가 시작되면서 자택에서 공부할 때 이런 성향이 독이 되었어요. 예를 들어, 늦게 일어나서 오전 일정을 날리면 그 일정을 오후에라도 끝내야 하는데, 계획을 실천하지 못한 것에 스트레스를 느껴서 결국 오후 일정도 제대로 끝내지 못해요. 고등학교 시절에는 시간이 남으면 무조건 공부를 하는 게 습관이 되어서 그런지, 한 번 공부를 시작하면 적어도 몇 시간은 계속 공부만 해야 한다는 부담감을 느껴서 그랬던 것 같아요.

저는 작은 일이라도 우선 시작하면서 슬럼프를 극복했어요. 예를 들어 수학 문제 50개를 푸는 것이 목표면, 한 번에 50개를 다 풀어야 한다고 생각하면 부담이 커요. 몇 문제만 풀고 잠깐 쉬거나 다른 일을 해도 돼. 일단 한 문제라도 풀면 된다는 마음가짐을 가지면, 일이 걱정했던 것보다 괜찮다는 생각이 들면서 스스로 한 문제씩 더 풀게 돼요. 그렇게 나아가다 보면 금세 50문제를 다 풀 거예요.

공부가 너무 하기 싫을 때 어떻게 했나요?

공부가 잘 안될 때 억지로 공부를 하면 오히려 효율도 떨어지고 역효과라고 생각해요. 저는 그럴 때 아예 푹 쉬거나, 독서나 단어 암기처럼 가벼운 공부를 해요. 그러다가 '이제는 공부해야겠다'라는 생각이 들 때 바로 공부를 다시 시작해요.

진로가 명확하지 않을 때 진로나 학과 선택 팁이 있나요?

자신에게 완전히 들어맞는 진로가 없을 수 있다고 생각하면 마음이 편해요. 저도 컴퓨터공학과를 선택했지만 수학은 별로 좋아하지 않아요. 그렇지만 수학이 죽도록 싫은 건 아니고, 수학이 싫은 정도보다 컴퓨터공학의 나머지 분야를 좋아하는 정도가 훨씬 커서 컴퓨터공학과를 선택했어요.

확실한 진로가 없다면, 이걸 몇십 년간 하기는 죽도록 싫은 분야를 하나씩 지워가 보세요. 또, 학과 입결이나 성적에 상관없이 '내가 하고싶은 일'를 기준으로 두셨으면 좋겠어요. 그 학과보다 자기 성적이 부족하다면 공부를 더 열심히 할 동기로 만들면 되거든요.

벼락치기 성공 방법을 소개해주세요.

자신이 모르거나 자신 없는 부분이 어디인지 파악하는 것이 중요해요. 시간이 없을 때는 이미 알거나 자신 있는 부분을 과감하게 넘겨야 해요. 뭘 알고 모르는지 구분을 못 하겠다면 각 단원의 수업 목표를 읽어보세요. 자신이 그 목표를 충분히 달성 못 했다고 생각하면 그 부분을 집중적으로 공부하세요.

이후에 시간이 남는다면 시험 범위 전체 내용을 한 번 훑어보는 걸 추천해요. 각 단원의 내용이 어떻게 유기적으로 연결됐는지 알 수 있고, 잘 알고 있다고 생각했던 부분에서 의외의 허점을 발견할 수 있거든요.

여 학 생
공 부 법

나만의
공부 플래너
만들기

하루 30분 공부 기록

Date: **마무리 잘하자!**

시간	30분	30분
8		
9		
10		
11		
12		
13		
14		
15		
16		
17		
18		
19		
20		
21		
22		
23		
0		
1		

하루 30분 공부 기록

Date: **마무리 잘하자!**

시간	30분	30분
8		
9		
10		
11		
12		
13		
14		
15		
16		
17		
18		
19		
20		
21		
22		
23		
0		
1		

하루 30분 공부 기록

Date: **마무리 잘하자!**

시간	30분	30분
8		
9		
10		
11		
12		
13		
14		
15		
16		
17		
18		
19		
20		
21		
22		
23		
0		
1		

하루 30분 공부 기록

Date: **마무리 잘하자!**

시간	30분	30분
8		
9		
10		
11		
12		
13		
14		
15		
16		
17		
18		
19		
20		
21		
22		
23		
0		
1		

하루 30분 공부 기록

Date: **마무리 잘하자!**

시간	30분	30분
8		
9		
10		
11		
12		
13		
14		
15		
16		
17		
18		
19		
20		
21		
22		
23		
0		
1		

하루 30분 공부 기록

Date: **마무리 잘하자!**

시간	30분	30분
8		
9		
10		
11		
12		
13		
14		
15		
16		
17		
18		
19		
20		
21		
22		
23		
0		
1		

하루 30분 공부 기록

Date: **마무리 잘하자!**

시간	30분	30분
8		
9		
10		
11		
12		
13		
14		
15		
16		
17		
18		
19		
20		
21		
22		
23		
0		
1		

하루 30분 공부 기록

Date: **마무리 잘하자!**

시간	30분	30분
8		
9		
10		
11		
12		
13		
14		
15		
16		
17		
18		
19		
20		
21		
22		
23		
0		
1		

하루 30분 공부 기록

Date: **마무리 잘하자!**

시간	30분	30분
8		
9		
10		
11		
12		
13		
14		
15		
16		
17		
18		
19		
20		
21		
22		
23		
0		
1		

하루 30분 공부 기록

Date: **마무리 잘하자!**

시간	30분	30분
8		
9		
10		
11		
12		
13		
14		
15		
16		
17		
18		
19		
20		
21		
22		
23		
0		
1		

WEEKLY STUDY PLANNER(활용법)

주중	월	화	수	목	금
6:30-8:00	준비 + 이동				
8:00-9:00	국어 비문학(3문항) + 기출 분석				
9:00-17:00	학교 수업		1. 학교 수업 시간 제외 하루 6시간 공부하 2. 수업 끝난 후 배운 내용 바로 복습하기 3. 자습 시간 있으면 꼭 공부하기 (수학 N차 복습/영어 단어 암기 등) 4. 수업 시간에 절대 졸지 않기		
17:00-18:00	이동 + 밥	DINNER			이동(영어단어
18:00-19:00	국어과외	수2	수1	확률과 통계	필라테스
19:00-20:00					이동 + 밥
20:00-21:00	수학과외	단일비	단일비	논구독	수학과외
21:00-22:00		영어	영어	영어	
22:00-23:00	생활과 윤리	사회문화	생활과 윤리	사회문화	생활과 윤리
23:00-24:00	포트폴리오				
24:00-1:00	언어와 매체	수학	언어와 매체	수학	언어와 매체
1:00-2:00					

주말	토	일
10:00-11:00	국어 모의고사	국어 복습
11:00-12:00		
12:00-13:00	LUNCH	
13:00-14:00	수2	수1
14:00-15:00		
15:00-16:00	정치와 법	
17:00-18:00		
18:00-19:00	DINNER	
19:00-20:00	국어과외	확률과 통계
20:00-21:00		
21:00-22:00		생활과 윤리
22:00-23:00	사회문화	언어와 매체
23:00-24:00	영어	
24:00-1:00	수1	

memo 주중 목표 작성

memo 주말 목표 작성

WEEKLY STUDY PLANNER_학기용

주중	월	화	수	목	금
6:30-8:00					
8:00-9:00					
9:00-17:00			1. 2. 3. 4.		
17:00-18:00					
18:00-19:00					
19:00-20:00					
20:00-21:00					
21:00-22:00					
22:00-23:00					
23:00-24:00					
24:00-1:00					
1:00-2:00					

주말	토	일
10:00-11:00		
11:00-12:00		
12:00-13:00	LUNCH	
13:00-14:00		
14:00-15:00		
15:00-16:00		
17:00-18:00		
18:00-19:00	DINNER	
19:00-20:00		
20:00-21:00		
21:00-22:00		
22:00-23:00		
23:00-24:00		
24:00-1:00		

memo 주중 목표 작성

memo 주말 목표 작성

WEEKLY STUDY PLANNER

주중	월	화	수	목	금
6:30-8:00					
8:00-9:00					
9:00-17:00			1. 2. 3. 4.		
17:00-18:00					
18:00-19:00					
19:00-20:00					
20:00-21:00					
21:00-22:00					
22:00-23:00					
23:00-24:00					
24:00-1:00					
1:00-2:00					

주말	토	일
10:00-11:00		
11:00-12:00		
12:00-13:00	LUNCH	
13:00-14:00		
14:00-15:00		
15:00-16:00		
17:00-18:00		
18:00-19:00	DINNER	
19:00-20:00		
20:00-21:00		
21:00-22:00		
22:00-23:00		
23:00-24:00		
24:00-1:00		

memo 주중 목표 작성

memo 주말 목표 작성

WEEKLY STUDY PLANNER

주중	월	화	수	목	금
6:30-8:00					
8:00-9:00					
9:00-17:00			1. 2. 3. 4.		
17:00-18:00					
18:00-19:00					
19:00-20:00					
20:00-21:00					
21:00-22:00					
22:00-23:00					
23:00-24:00					
24:00-1:00					
1:00-2:00					

주말	토	일
10:00-11:00		
11:00-12:00		
12:00-13:00	LUNCH	
13:00-14:00		
14:00-15:00		
15:00-16:00		
17:00-18:00		
18:00-19:00	DINNER	
19:00-20:00		
20:00-21:00		
21:00-22:00		
22:00-23:00		
23:00-24:00		
24:00-1:00		

memo 주중 목표 작성

memo 주말 목표 작성

WEEKLY STUDY PLANNER

주중	월	화	수	목	금
6:30-8:00					
8:00-9:00					
9:00-17:00			1. 2. 3. 4.		
17:00-18:00					
18:00-19:00					
19:00-20:00					
20:00-21:00					
21:00-22:00					
22:00-23:00					
23:00-24:00					
24:00-1:00					
1:00-2:00					

주말	토	일
10:00−11:00		
11:00−12:00		
12:00−13:00	LUNCH	
13:00−14:00		
14:00−15:00		
15:00−16:00		
17:00−18:00		
18:00−19:00	DINNER	
19:00−20:00		
20:00−21:00		
21:00−22:00		
22:00−23:00		
23:00−24:00		
24:00−1:00		

memo 주중 목표 작성

memo 주말 목표 작성

WEEKLY STUDY PLANNER_방학용

	월	화	수	목
7:00-8:00				
8:00-9:00				
9:00-10:00				
10:00-11:00				
11:00-12:00				
12:00-13:00	LUNCH			
13:00-14:00				
14:00-15:00				
15:00-16:00				
16:00-17:00				
17:00-18:00	DINNER			
18:00-19:00				
19:00-20:00				
20:00-21:00				
21:00-22:00				
22:00-23:00				
23:00-24:00				
24:00-1:00				

금	토	일

memo 주중 목표 작성

WEEKLY STUDY PLANNER

	월	화	수	목
7:00-8:00				
8:00-9:00				
9:00-10:00				
10:00-11:00				
11:00-12:00				
12:00-13:00	LUNCH			
13:00-14:00				
14:00-15:00				
15:00-16:00				
16:00-17:00				
17:00-18:00	DINNER			
18:00-19:00				
19:00-20:00				
20:00-21:00				
21:00-22:00				
22:00-23:00				
23:00-24:00				
24:00-1:00				

금	토	일

memo 주중 목표 작성

WEEKLY STUDY PLANNER

	월	화	수	목
7:00−8:00				
8:00−9:00				
9:00−10:00				
10:00−11:00				
11:00−12:00				
12:00−13:00	LUNCH			
13:00−14:00				
14:00−15:00				
15:00−16:00				
16:00−17:00				
17:00−18:00	DINNER			
18:00−19:00				
19:00−20:00				
20:00−21:00				
21:00−22:00				
22:00−23:00				
23:00−24:00				
24:00−1:00				

금	토	일

memo 주중 목표 작성

WEEKLY STUDY PLANNER

	월	화	수	목
7:00-8:00				
8:00-9:00				
9:00-10:00				
10:00-11:00				
11:00-12:00				
12:00-13:00	LUNCH			
13:00-14:00				
14:00-15:00				
15:00-16:00				
16:00-17:00				
17:00-18:00	DINNER			
18:00-19:00				
19:00-20:00				
20:00-21:00				
21:00-22:00				
22:00-23:00				
23:00-24:00				
24:00-1:00				

금	토	일

memo 주중 목표 작성

MONTHLY STUDY PLANNER

			Weekly Goals
			1.
			2.
			3.
			4.
			5.
			6.
			1.
			2.
			3.
			4.
			5.
			6.
			1.
			2.
			3.
			4.
			5.
			6.
			1.
			2.
			3.
			4.
			5.
			6.

MONTHLY STUDY PLANNER

			Weekly Goals
			1.
			2.
			3.
			4.
			5.
			6.
			1.
			2.
			3.
			4.
			5.
			6.
			1.
			2.
			3.
			4.
			5.
			6.
			1.
			2.
			3.
			4.
			5.
			6.

MONTHLY STUDY PLANNER

			Weekly Goals
			1.
			2.
			3.
			4.
			5.
			6.
			1.
			2.
			3.
			4.
			5.
			6.
			1.
			2.
			3.
			4.
			5.
			6.
			1.
			2.
			3.
			4.
			5.
			6.

MONTHLY STUDY PLANNER

			Weekly Goals
			1.
			2.
			3.
			4.
			5.
			6.
			1.
			2.
			3.
			4.
			5.
			6.
			1.
			2.
			3.
			4.
			5.
			6.
			1.
			2.
			3.
			4.
			5.
			6.

MONTHLY STUDY PLANNER

			Weekly Goals
			1.
			2.
			3.
			4.
			5.
			6.
			1.
			2.
			3.
			4.
			5.
			6.
			1.
			2.
			3.
			4.
			5.
			6.
			1.
			2.
			3.
			4.
			5.
			6.

MONTHLY STUDY PLANNER

		Weekly Goals
		1.
		2.
		3.
		4.
		5.
		6.
		1.
		2.
		3.
		4.
		5.
		6.
		1.
		2.
		3.
		4.
		5.
		6.
		1.
		2.
		3.
		4.
		5.
		6.

MONTHLY STUDY PLANNER

			Weekly Goals
			1.
			2.
			3.
			4.
			5.
			6.
			1.
			2.
			3.
			4.
			5.
			6.
			1.
			2.
			3.
			4.
			5.
			6.
			1.
			2.
			3.
			4.
			5.
			6.

MONTHLY STUDY PLANNER

			Weekly Goals
			1.
			2.
			3.
			4.
			5.
			6.
			1.
			2.
			3.
			4.
			5.
			6.
			1.
			2.
			3.
			4.
			5.
			6.
			1.
			2.
			3.
			4.
			5.
			6.

이대생들이 알려주는
여학생 공부법

초판 1쇄 발행 2023년 6월 15일

지은이 김유진·김서윤·윤은지
펴낸이 곽유찬

이 책은 **편집 강윤희 님, 표지디자인 장성호 님,
본문디자인 손영희 님**과 함께 진심을 다해 만들었습니다.

펴낸곳 북클로스(레인북)
출판등록 2019년 5월 14일 제 2019-000046호
주소 서울시 서대문구 홍은중앙로3길 9 102-1103호
이메일 lanebook@naver.com
*북클로스는 레인북의 예술·청소년 브랜드입니다.

인쇄·제본 (주)상지사

ISBN 979-11-967269-9-7 (43000)